高等职业教育“十四五”规划教材

新媒体时代的
大学生创新创业实用教程

主　编　陈虹宇

副主编　谭　熠　高薇冬　郑露萍　付　芬

马丹丹　李华川　贾　宁

中国石化出版社

·北京·

内 容 提 要

本书从大学生的“双创”教育入手，培养和树立大学生创新意识，结合学生自身的特点将创新与创业有机地结合起来，以创新带动创业，以创业带动就业。涉及以下几个模块：国家在“双创”方面的政策解读、创意的来源、创业素质、公司管理、财务知识、双创比赛。让有创意想创业的大学生群体对创业有相对清晰的了解，并通过了解相关的知识，牢固树立掌握一门创业技能的理念。

本书适合作为高职院校创新、创业的教材。

图书在版编目（CIP）数据

新媒体时代的大学生创新创业实用教程 / 陈虹宇主编 . -- 北京：中国石化出版社，2023.8

ISBN 978-7-5114-7194-9

Ⅰ . ①新… Ⅱ . ①陈… Ⅲ . ①大学生–创业–高等学校–教材 Ⅳ . ① G647.38

中国国家版本馆 CIP 数据核字（2023）第 156704 号

中国石化出版社出版发行

地址：北京市东城区安定门外大街58号

邮编：100011 电话：（010）57512500

发行部电话：（010）57512575

http：//www. sinopec-press. com

E-mail：press@ sinopec. com

北京科信印刷有限公司印刷

全国各地新华书店经销

*

710 毫米 ×1000 毫米 16 开本 16 印张 267 千字

2023 年 8 月第 1 版 2023 年 8 月第 1 次印刷

定价：48.00 元

前言

PREFACE

普通高等学校开展创新创业教育，是服务国家加快转变经济发展方式、建设创新型国家和人力资源强国的战略举措，是深化高等教育教学改革、提高人才培养质量、促进大学生全面发展的重要途径，是落实以创业带动就业、促进高校毕业生充分就业的重要措施。为引导学生正确理解创新、创业与国家经济社会发展的关系，正确理解创业与职业生涯发展的关系，提升高校学子的社会责任感、创新精神和创业能力。本书从自我认知、创业认知、创新实践、创业合伙、商业模式、路演、初创企业的开设等方面，依据新时期的政策文件精神，从投资人视角，创业者视角，结合丰富的真实案例分析，是一本适合初创者的实用启蒙书。

第1章，从现实情境和需求层次方面介绍个体对自我的认识、创业的基本理解以及创业路上的创新。第2章，主要介绍创业的一些常识，如创业者需要具备的内、外条件。第3章，主要从投资者、成功创业者两个视角去分析他们希望在商业计划书中看到的项目内涵，可以给到的商业价值等方面，指导大学生如何撰写商业计划书。第4章，主要从商业的角度去分析创业中成功的要素，指导大学生理性选择创业项目。第5章，介绍创业成功路上，合适的创业合伙人的重要性。第6章，主要介绍企业的基本架构：组织结构、股权结构、激励机制等。第7章，主要介绍商业模式及经典案例。第8章，主要介绍什么是路演，创业者如何在8~10分钟内呈现创业项目，使投资人对项目感兴趣。第9章，主要介绍在新媒体矩阵足够多的时代，创业项目如何出彩，会用到哪些营销方式和策略。第10章，从常见的大学生创业项目中来分析“新媒体+”创业如何实现传统项目的逆袭。第11章，主要介绍成立公司需要办理的相关手续。

目录

CONTENTS

第4章 你的项目靠谱吗?

第5章 创业合伙人怎么选?

第1章

我是谁？

本章内容导学

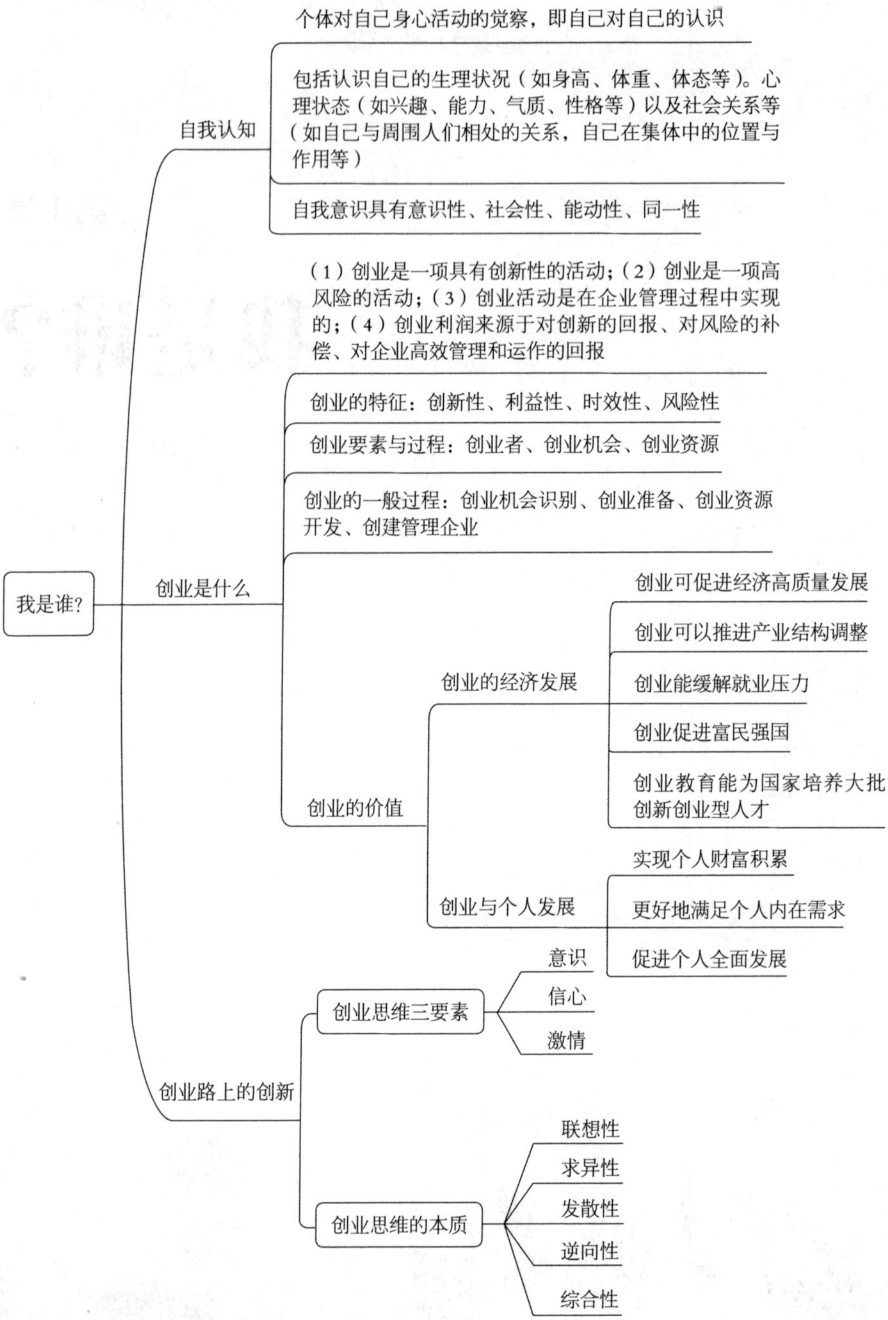
我是谁?
自我认知
个体对自己身心活动的觉察，即自己对自己的认识
包括认识自己的生理状况（如身高、体重、体态等）。心理状态（如兴趣、能力、气质、性格等）以及社会关系等（如自己与周围人们相处的关系，自己在集体中的位置与作用等）
自我意识具有意识性、社会性、能动性、同一性
创业是什么
（1）创业是一项具有创新性的活动；（2）创业是一项高风险的活动；（3）创业活动是在企业管理过程中实现的；（4）创业利润来源于对创新的回报、对风险的补偿、对企业高效管理和运作的回报
创业的特征：创新性、利益性、时效性、风险性
创业要素与过程：创业者、创业机会、创业资源
创业的一般过程：创业机会识别、创业准备、创业资源开发、创建管理企业
创业的价值
创业的经济发展
创业可促进经济高质量发展
创业可以推进产业结构调整
创业能缓解就业压力
创业促进富民强国
创业教育能为国家培养大批创新创业型人才
创业与个人发展
实现个人财富积累
更好地满足个人内在需求
促进个人全面发展
创业路上的创新
创业思维三要素
意识
信心
激情
创业思维的本质
联想性
求异性
发散性
逆向性
综合性

1.1　自我认知

我是谁？是一个成年人必须明白的事情，这事儿搞不明白，稀里糊涂的人生就会拉开序幕，你就会在人生的舞台上东蹿西跳，忙得不亦乐乎，搞得精疲力尽，最终还是茫茫然。

现在的青年人都喜欢打篮球、踢足球，在球场上大家都清楚地知道自己的位置和自己位置的作用，一旦位置乱了，一场球赛也会因失败而告终。这就如人生，弄明白（我是谁）之后，明白了自己的位置、自己的责任、自己的功能作用，就会比较容易发挥个体的主观能动性。

自我认知（自我意识）是一个神奇的东西，它是基因的伟大杰作，基因为个体塑造硬件系统（显性特征）与软件系统（隐性特征）而进化出一套新系统。自我意识是个体对自己身心活动的觉察，即自己对自己的认识，具体包括认识自己的**生理状况**（如身高、体重、体态等）、**心理状态**（如兴趣、能力、气质、性格等）以及**社会关系**（如自己与周围人们的关系，自己在集体中的位置与作用等）等。自我意识具有意识性、社会性、能动性、同一性等特点。

意识性。指个体对自己以及自己与世界的关系有着清晰、明确的理解和自觉的态度，而不是无意识或潜意识。这种自我意识是主体我对客体我的一切主观能动的反映。

社会性。自我意识是个体长期社会化的产物。这不仅因为它是在社会实践中产生的，而且因为它的主要内容是个体社会属性的反映。对自我本质的意识，不是意识到个体的生理特性，而是意识到个体的社会特性，意识到个体的社会角色，意识到个体在一定的社会关系和人际关系中的地位和作用，这是自我意识发展成熟的重要标志。

能动性。表现在个体不仅能根据社会或他人的评价、态度和自己实践所反馈的信息来形成自我意识，而且能根据自我意识调控自己的心理和行为。

同一性。心理学研究表明，自我意识一般需要经过20多年的发展，直到

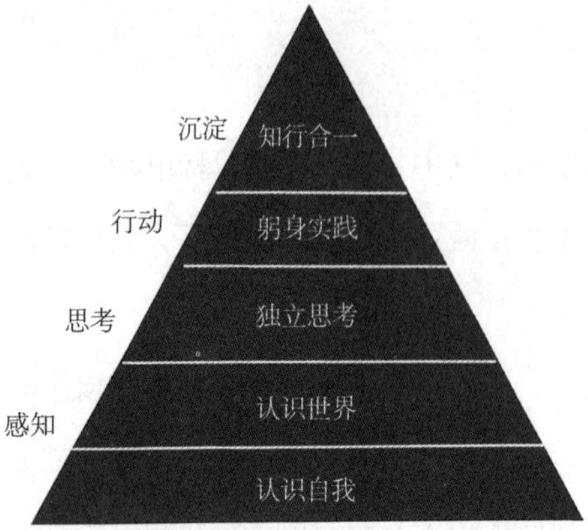

图1-1 知行合一

青年中后期才能比较稳定、成熟。虽然这种自我意识有可能因个体实践的成败和他人评价的改变而发生变化，但到青年期以后，个体会对自己的基本认识和态度保持同一性。正因为自我意识的同一性，才会使个体表现出前后一致的心理面貌，从而使自己与其他人的个性区别开来（图1-1）。

自我意识的结构是从自我意识的三层次，即知、情、意三方面分析的，是由自我认知、自我体验和自我调节（或自我控制）三个子系统构成（图1-2）。自我意识的形成原理包括正确的自我认知、客观的自我评价、积极的自我提升和关注自我成长。

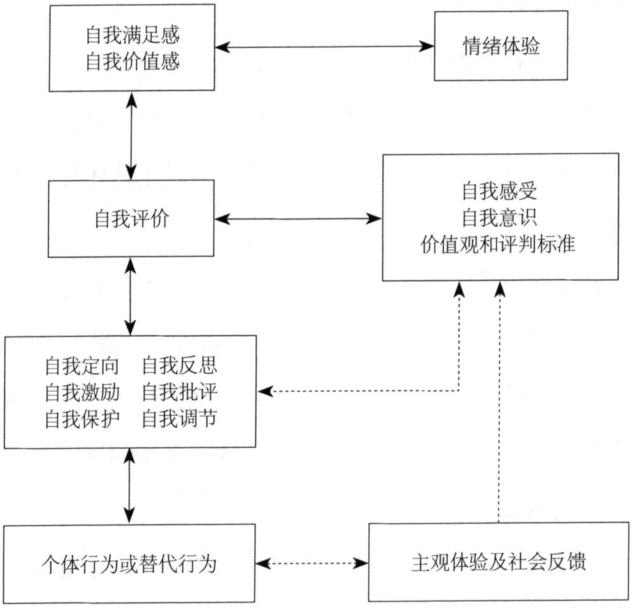

图1-2 自我调节系统

自我剖析是一个人对自己的认识和评价，包括对自己心理倾向、个性心理特征和心理过程的认识与评价。正是由于人具有自我意识，才使人对自己的思想和行为进行自我控制和调节，使自己形成完整的个性。自我意识在个体发展中有十分重要的作用。

（注：自我剖析的方法在心理学相关书籍中有详细的介绍，就不再赘述。本书旨在引导大学生在职业生涯规划上作初步的个人判断，建议用霍兰德职业测评作参考。）

1.2 创业是什么

“创业”一词来源于英文entrepreneur，是“企业家”“创业者”的意思，指那些能够抓住机会和利用资源，凭借自己才能进行价值创造的人。随着全球创业的兴起，创业已经引起学术界越来越多的关注。20世纪80年代，创业开始进入学术研究领域，一大批学者纷纷加入创业研究的行列。尽管如此，对于创业的概念学术界至今没有形成一个统一的认识，对创业的定义和内涵不同学者理解角度也不同。

创业教育大师杰弗里·蒂蒙斯（Jeffry A.Timmons）在其所著的创业教育经典《创业创造》中指出：“创业是一种思考、推理和行为方式，它为机会所驱动，需要在方法上全盘考虑并拥有掌控全局的领导能力。”

哈佛商学院教授斯蒂文森（Stevenson）认为：创业是基于现有资源，将不同的资源进行组合，以捕捉和开发机会并创造价值的过程。

科尔（Cole）则把创业定义为：创业是以发起、维持和发展利润为导向的企业的有目的性的行为。

经济学家约瑟夫·熊彼特（Schumpeter）认为：创业是“创造性破坏均衡”，即实现创新，这里的创新可以是引入一种新产品，采用一种新方法，开辟一个新市场，获得一种新原料，采用一种新组织形式。

荣斯戴特（Robert C. Ronstadt）认为：创业是一个实现财富增长的动态过程。创造财富的人承担资产价值的时间风险、承诺服务，通过技能与资源配置来为其产品或服务注入价值。

我国一些学者对创业的内涵进行了总结，认为创业是创业者对自己拥有的资源或通过努力能够拥有的资源进行优化整合，从而创造出更大的经济或社会价值的过程。其核心内容包括几个方面：**（1）创业是一项具有创新性的活动；（2）创业是一项高风险的活动；（3）创业活动是在企业管理过程中实现的；（4）创业利润来源于对创新的回报、对风险的补偿、对企业高效管理和运作的回报。**

综合国内外学者的研究，我们可以从广义和狭义两个层次去理解创业的概念。从广义层面来讲，创业指所有具有开拓性和创新性特征的、能够增进经济价值或社会价值的活动；从狭义层面来讲，创业即个人或团队自主创办企业。

本书主要站在创建新企业的生产经营活动这个角度去进行创业的讲解，因此，本书认为，创业是指创业者通过识别商机，将其发现的信息、资源、机会或掌握的技术以一定的方式转化，为个人和社会创造价值和财富的过程。创业的本质是创新；创业的关键是机会的发掘与把握；创业过程必然要求创造价值、转移价值和获取价值。

1.2.1 创业的特征

1. 创新性

创新性是创业最关键的本质特征。创业是创新实现的过程，它是企业的活力和源泉，也是创业发展的内在推动力，缺乏创新性的创业就失去了它存在的意义。无论是发现新创意、捕捉新机会、开拓新市场，还是技术创新、制度创新和管理创新，等等，都是创新。企业在创立和发展过程中，往往会遭遇方方面面的发展瓶颈问题，想要顺利跨越这些瓶颈，就需要不断在技术、管理、商业模式等方面进行创新与变革来实现突破。

2. 利益性

创业是一个价值创造的过程，所有的创业活动都以获取回报收益而展开。首先，创业要向顾客提供有价值的产品和服务，满足顾客的需求，使人们得到物质和精神的实质性的满足；其次，创业强调对社会和经济发展的贡献。创业价值既包括创业活动个人价值回报，也包括社会价值创造；可能是经济性收益，也可能是非经济性收益，比如声誉、地位。只有突出价值创造的创业才具有生命力，才能延续和发展。

3. 时效性

任何机会都具有时效性，创业活动的机会导向特征决定了创业活动必须把握时机，做到超前行动。商机的识别是创业活动的起点，当出现一定的商业机会就会出现创业现象，这一切是以时间、地点和条件为转移的，也会因为环境的变化而消失。所以说，创业具有时效性，创业者必须具有敏锐的直觉和判断力，及时捕捉商机将其付诸实践，并在实践中不断摸索、改进。

4. 风险性

创业的不确定性和未知性以及创业过程的复杂性，决定了创业具有风险的属性。首先，由于创业者自身经验缺乏，对市场判断和商机把握有着很大的不确定性，由此产生风险；其次，在创业过程中，企业可能遭遇技术瓶颈、资源匮乏及市场环境的激烈竞争等，这也会带来风险。从内容角度来看，创业活动的风险主要有技术风险、市场风险、管理风险、资金风险等。

1.2.2　创业要素与过程

支撑创业活动顺利开展的因素很多，但最为关键的要素包括**创业者**、**创业机会**和**创业资源**。

1. 创业者

创业者是创业的主体，是创业过程中的核心个人（团队）。创业者在商机识别、获取和整合资源、产品开发、市场开拓等一系列创业活动中起到关键的推动作用。他是企业的创建者，是创新的策划者和实施者，创业者自身的素质与能力是创业成功的必要条件之一。

2. 创业机会

创业机会大多来源于不断变化的市场需求，或是没有被充分满足的市场需求，只有创造或满足市场需求，企业才能顺利创建，才能很好地发展壮大。创业机会的识别是创业活动的起点，好的开端往往意味着成功的一半，因此对于创业者来说，捕捉到这些创业机会是成功创业的关键，创业机会也就成为创业过程中的核心要素之一。

3. 创业资源

创业活动是一个资源整合的过程，任何创业活动都离不开必要的资源支持。创业资源是在企业创办和新企业创造价值的过程中需要的特定资源，是新企业创立和运营的必要条件，包括技术资源、财务资源、人力资源、组织资源等。其中，那些有价值、稀缺、难以复制和不可替代，能够构建起企业竞争优势的资源被称为战略性资源，是推动一个企业成功创建和发展的核心竞争要素。

1.2.3 创业的一般过程

创业过程是从创业者识别创业机会、产生创业想法、创建新企业到新企业生存和成长的过程，大致可划分为**创业机会识别、创业准备、创业资源开发、创建管理企业**四个阶段。

1. 识别与评估创业机会

识别创业机会是创业活动的开端，也是创业的前提。创业机会识别作为一种主动行为，带有浓厚的主观色彩，创业者的个体因素起到了重要作用。能够发现其他人未发现的创业机会，并迅速采取行动开发创业机会，是创业者最难能可贵的地方。此外，创业机会识别也是个体与环境互动的过程，外部因素尤其是环境中的客观机会因素本身的影响同样不容忽视。同时，要对创业机会进行科学的评估。一方面创业机会的把握离不开对宏观环境的分析，另一方面创业机会的评估也需要对行业状况和已有资源进行分析，充分权衡其风险与回报，理性对待创业机会，合理选择创业项目。

2. 准备并拟订创业计划

创业是一个复杂的活动过程，需要做好充分的准备，包括对创业环境的分析、创业团队准备、创业心理准备等。在这些准备工作完成的基础上，拟订创业计划。创业计划最直观的反映即创业计划书，是创业者在企业成立之前就某一项具有市场前景的新产品或服务，向潜在投资者、风险投资公司、合作伙伴等游说以取得合作支持或风险投资的可行性商业报告，体现了创业者的创业思路，是一份全面描述创办企业业务发展的指示图。创业计划会时刻提醒创业者应该注意什么问题，规避什么风险，并最大限度地帮助创业者获得来自外界的帮助。因此，创业计划是创业过程中必不可少的一个环节，有着非常重要的作用。

3. 创业资源开发

创业资源是新企业创立和运营的必要条件，不同的创业活动具有不同的创业资源需求，同时在整个创业过程都需要创业者根据企业不同发展阶段的需要开发创业资源。创业资源的开发包括对资源的获取和整合利用。作为创业者，首先应评估自己拥有的可用于创业的资源，如自己所拥有的资金、技术、物资、管理才能等，然后综合分析，找到创业资源缺口与目前可获得的资源供给，通过一定渠道获得其他所需资源。但一般来讲，创业初期所能获取和利用的资源大都匮乏，创造性整合创业资源才是解决问题的关键，整合资源的能力远胜于拥有所有创业资源。创业者在创业中要学会借势发展，巧用资源，最大限度地利用和组合现有资源条件构筑新的物质环境，实现自己的创业目标。

4. 创建和管理企业

企业是创业的重要载体之一，是对创业机会进行开发的重要平台。创建新企业要经过企业组织形式选择、企业选址、企业人财物的配置以及企业注册等多个步骤。对新创企业的管理过程则是创造价值并获取回报的过程，包括企业战略管理、人力资源管理、产品与服务管理、市场营销管理、财务管理等。对新创企业的管理是一个动态过程，不是一个静止结果，随创业的发展而逐步提升和变化。对新创企业的管理首先是解决其生存问题，其次是谋求企业发展壮大。

1.2.4 创业的价值

1. 创业与经济发展

创业促进社会生产力提高，是经济发展的动力，创业活动的活跃程度是经济发展的“晴雨表”，创业活动水平与经济增长之间存在一定的相关关系。通过创业，可以为社会创造新价值，有力推动社会经济发展，甚至成为一个国家或地区经济发展的基础；同时，在经济发展态势良好的环境下，投资和消费活动也更为活跃，这又在一定程度上推动了创业的发展。因此，创业与经济发展是相辅相成、相互促进的。

（1）创业可促进经济高质量发展。一个社会创业活动发展得越好，人们的物质、文化生活水平也就越高，越能推动社会经济的繁荣与发展。创业是经济增长一个积极的促进因素，它必然引起一系列产业结构、经济结构、社会结构的变化，而这一系列产业结构、经济结构、社会结构的变化又可以推动经济的增长。

创业企业要能够生存并获得持续发展，必须具备很强的竞争力，从行业内的发展来看，创业企业的成功将会影响行业现有的经济格局，加剧行业竞争，形成优胜劣汰的局面。竞争的结果有利于资源向经营良好、效率更高的企业流动，从而促进社会资源的合理配置，产生较高的社会效益，推动市场经济快速发展。

创业有利于促进知识向现实生产力的转化。知识密集型企业所占比重的大小，往往反映出一个国家科技实力与综合国力的强弱。知识密集型企业能够为社会带来相对较高的附加值，创造更多的社会财富。在当今社会，更多的创业企业正逐渐由具有较高知识水平的创建者协办，知识与管理已经成为重要的资本并参与企业的分配。因此，创业成功有利于知识向资本的转化，有利于资本与知识、技术的融合，资本借助知识又能发挥更强大的作用，这将有力地促进经济发展、财富增长与结构调整，提高国家整体竞争能力。

（2）创业可以推进产业结构调整。产业结构，指产业部门之间和产业部门内部的关联和比例。随着我国经济的发展和改革的深入，以及经济结构战略性调整的不断推进，产业结构调整已经加快步伐。这就意味着行业中原有投资主体退出，个别行业萎缩或消失，而新的投资者出现，新兴的行业迅速崛起。

在经济全球化的发展趋势下，我国经济结构还存在一些问题，主要表现在产业结构不合理、地区发展不协调，城镇化水平低。在产业结构方面，面对目前我国农业基础薄弱、工业素质不高、第三产业发展严重滞后的局面，我国产业结构调整的方针是：巩固和加强第一产业的基础地位，加速和提高第二产业，大力发展第三产业。这些目标的实现都需要大力推进创业活动。

在大力发展第三产业方针的指导下，第三产业蓬勃发展。为适应社会发展和产业结构调整，就需要更多的人创办第三产业，为我国改革发展注入新的活力。迅速发展的社会不仅需要大众创业，也为创业者创造了前所未有的机遇和条件。

（3）创业能缓解就业压力。就业是民生之本，是人民改善生活的基本前提和基本途径。后疫情时代我国就业形势面临更加严峻的挑战。党的二十大报告明确提出：完善促进创业带动就业的保障制度，支持和规范发展新就业形态。健全劳动法律法规，完善劳动关系协商协调机制，完善劳动者权益保障制度，加强灵活就业和新就业形态劳动者权益保障。随着互联网数字技术的进步，新就业形态也在蓬勃发展，灵活就业已经成为就业市场的一大趋势。

实施扩大就业的发展战略，促进以创业带动就业。这是基于中国国情，将过剩的劳动力资源转变为创造财富的人力资本，是我国转变经济增长方式的必然选择。同时也表明，从解决就业问题出发，鼓励和推动创业已经成为中国长期重要的政策取向。促进创业带动就业，就是政府通过政策支持和服务保障，营造良好的创业环境，调动劳动者创业积极性和主动性，通过自找项目、自筹资金、自主经营、自负盈亏、自主创办生产和服务项目或企业，在实现自身就业的同时，带动更多劳动者就业。促进以创业带动就业，有利于激发劳动者创业精神，激活人力资源市场，实现就业倍增效应，是市场就业的主要措施，是就业工作中最活跃、最有效的战略。

（4）创业促进富民强国。通过鼓励和支持人民群众自主创新创业，让一切劳动、知识、技术、管理和资本的活力竞相迸发，让一切创造社会财富的源泉充分涌流，更多的财富由全民创造，更多的成果由全民共享，促进全民共创财富、共享财富的体制机制的建立。创业才能富民，必须充分调动广大人民群众的创业积极性，切实尊重群众的首创精神，支持群众勇于实践、勤于探索，形成鼓励创业的社会氛围。

如果能在全社会形成这样的氛围，则必然促进大批创业企业家的涌现，一个企业家的产生为社会带来的可能仅是一个企业的发展、少量社会就业岗位的产生，但大批创业企业家的产生必定会对整个国民经济繁荣发展、对富民强国基本国策的落实产生巨大的推动作用。因此，大力推进创新创业不仅可以增加就业机会，降低社会失业率，促进社会资源的优化配置，更为重要的是，可以加快科研成果的转化，调整和优化我国产业结构，提高创富能力，迅速提高人民群众的富裕程度，从而大大增强综合国力，增加国民财富，并最终形成民富国强的创新型国家。

（5）创业教育能为国家培养大批创新创业型人才。高等教育承担着培养高级专业人才、发展科学技术、促进现代化建设的重大任务。积极推进大学生创新创业教育和自主创业，是高等教育改革发展的必然要求。创新创业教育的核心是培养大学生创新精神和创业能力，引导高等学校不断更新教育观念、改革人才培养模式、改革教育内容和教学方法，将人才培养、科学研究、社会服务紧密结合起来，实现从注重知识向更加重视能力和素质的转变，提高人才培养的质量。创新创业教育的最终目的是培养大批社会急需的创业创新型人才，并非要求受教育者都去创建自己的企业，而是通过传授创业知识，培养创新精神、创业素质，培养和提高大学生的社会生存能力、竞争能力和可持续发展能力，成为社会所需要的高素质创新创业型人才。

党的二十大报告中用较大的篇幅谈了创新发展战略的意义和重要性。文中指出，要坚持创新在我国现代化建设全局中的核心地位，提升国家创新体系整体效能。加快实施创新驱动发展战略，加快实现高水平科技自立自强，以国家战略需求为导向，集聚力量进行原创性引领性科技攻关，坚决打赢关键核心技术攻坚战，增强自主创新能力。要深入实施人才强国战略，尊重人才、尊重创造，完善人才战略布局。

2. 创业与个人发展

（1）创业可以实现个人财富积累。创业可积累财富，在一定程度上满足个人对物质的追求和欲望，甚至实现个人财富的最大化。无论是在哪一行业，从事什么样的工作，处于什么样的职位，尽管收入有高低，但是都会有上升空间的局限性，但如果自身创业，那么所能创造的利益空间是没有限制的。任何一个人通过创业都有机会把握自己的人生方向，实现财富理想和财务自由。

（2）创业可以更好地满足个人内在需求。人的本性都是在追求一种良好的生存状态和更加自由的发展，而创业正是接近于这样一种状态的最佳途径。创业能够以创业者自己的兴趣爱好、意志为出发点，摆脱工作固有的很多束缚，有利于主导自己，充分发挥个人潜能，施展自己的才华。同时，创业为社会和个人提供产品或服务，为国家和自己创造财富，这种贡献使创业者自身的价值得到充分体现，增加创业者的快乐感，提升创业者的成就感。创业的成果不仅仅是外在的物质存在，更重要的还因为创业能够充分满足人的内在需求。

（3）创业促进个人全面发展。创业是一项对个人综合素质和能力要求都很高的活动，要求个人通过创业学习掌握一定的专业知识和社会技能，拥有健康的体魄，具备良好的心理素质及创新能力。因而，创业促使创业者在知识、能力、素质等方面都充分发展，使个人素质和能力得到提升（图1-3）。

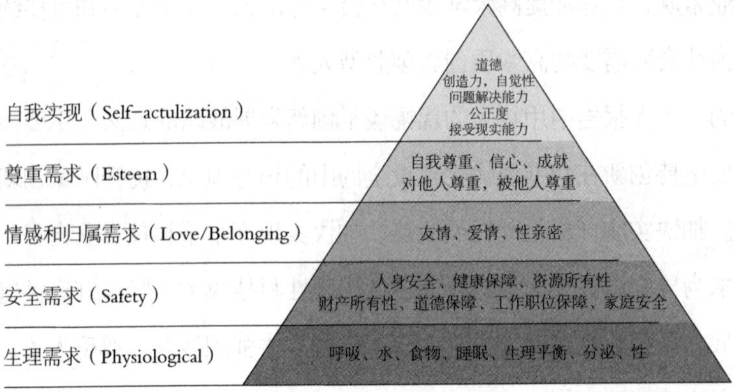

图1-3　马斯洛需求层次

1.3　创业路上的创新

创新是指在现有的资源条件和社会环境中提出一种从未有过的新思路与新思维，或者说在原有的某种事物和方法的前提下进行改进与更新，创造出新的事物。

创新一定是有所创造的，且这种创造是前所未有的，从未出现过的。这种创造可能是思想方法上的创新或者是具体事物的创新。创新意味着人类的认识能力和实践能力的更新，是人类主观能动性的体现。创新也是人类为了自我发展而展现的独特创造力。

1. 创新的定义

创新指的是有别于常规见解，改进或创造产品、方法等，最终解决社会需求的行为。创新包含解决现实问题、更新或创造、首创三层含义。创新可以从经济学角度和日常含义来理解，日常含义指的是人们日常所说的“创造和发现新东西”，经济学角度指的是，人类社会的每一次进步都离不开创新。

2. 创新项目的内涵

创新项目是指基于技术、产品、服务、商业模式、管理、市场等方面某一点或几点创新而进行的创业活动。创新是创业的基础和前提，创业是创新的体现和延伸。

1.4 创新项目与传统项目的区别

创新项目不同于单纯的创新，也不同于单纯的创业，是在创新基础上的创业活动。区别如下。

（1）创新项目：在创业活动中有创新因素的创业。包含技术创新、管理创新、知识创新、流程创新、营销创新等方面。

（2）传统项目：没有在任何方面进行创新的创业。

1.5 创新思维

创新思维，又称为创造性思维，是指发明或发现一种新方式用以处理某件事情或表达某种事物的思维过程。

1. 创新思维三要素

（1）意识。意识是创新的基础。善于观察身边事物，有意识地将身边的问题与基本知识结合起来，才能用于解决实际问题。在进行创新时，首先是左脑分析情形以及既定的事实，其次定义需要解决的问题并把数据转交给具有创新性的右脑。

（2）信心。信心是创新的关键。创新就是探索未知，大多数人都会小心翼翼，感到恐慌，甚至在还没发展到创意之前就已熄灭，在创业之初也可能因为别人的失败而被阻断。如果对自己的想法有足够的信心，创业者就会抓住这个机遇，接受风险，从而取得成功。

（3）激情。激情是创新的命根子。一个人只有对这个工作充满激情时，创新才会像开闸的水一样喷涌而出，然后开花结果。

2. 创新思维本质特征

（1）联想性。联想是将表面看来互不相干的事物联系起来，从而达到创新的境界。联想性思维可以利用已有的经验创新，如我们常说的由此及彼、举一反三、触类旁通，也可以利用别人的发明或创造进行创新。联想是创新者在创新思考时经常使用的方法，也比较容易见到成效。

能否主动地、有效地运用联想，与一个人的联想能力有关，然而在创新思考中若能有意识地运用这种方式则是有效利用联想的重要前提。任何事物之间都存在着一定的联系，这是人们能够采用联想的客观基础，因此联想的最主要方法是积极寻找事物之间的对应关系。

（2）求异性。创新思维在创新活动过程中，尤其在初期阶段，求异性特别明显。它要求关注客观事物的不同性与特殊性，关注现象与本质、形式与内容的不一致性。

英国科学家何非认为："科学研究工作就是设法走到某事物的极端而观察它有无特别现象的工作。"创新也是如此。一般来说，人们对司空见惯的现象和已有的权威结论怀有盲从和迷信的心理，这种心理使人很难有所发现、有所创新。而求异性思维则不拘泥于常规，不轻信权威，以怀疑和批判的态度对待一切事物和现象。

（3）发散性。发散性思维是一种开放性思维，其过程是从某一点出发，任意发散，既无一定方向，也无一定范围。它主张打开大门，张开思维之网，冲破一切禁锢，尽力接受更多的信息。可以海阔天空地想，甚至可以想入非非。人的行动自由可能会受到各种条件的限制，而人的思维活动却有无限广阔的天地，是任何别的外界因素都难以限制的。

发散性思维是创新思维的核心。发散性思维能够产生众多的可供选择的方案、办法及建议，能提出一些别出心裁、出乎意料的见解，使一些似乎无法解决的问题迎刃而解。

（4）逆向性。逆向性思维就是有意识从常规思维的反方向去思考问题的思维方法。如果把传统观念、常规经验、权威言论当作金科玉律，常常会阻碍我们创新思维活动的展开。因此，面对新的问题或长期解决不了的问题，不要习惯于沿着前辈或自己长久形成的、固有的思路去思考，而应从相反的方向寻找解决问题的办法。

欧几里得几何学建立之后，从5世纪开始，就有人试图证明作为欧氏几何学基石之一的第五公理，但始终没有成功，人们对它几乎陷入了绝望。1826年，罗巴切夫斯基运用与过去完全相反的思维，公开声明第五公理不可证明，并且采用了与第五公理完全相反的公理。从这个公理和其他公理出发，他终于建立了非欧几何学。非欧几何学的建立解放了人们的思想，扩大了人们的空间观念，是人类对空间认识的一次革命性的飞跃。

（5）综合性。综合性思维是把对事物各个侧面、部分和属性的认识统一为一个整体，从而把握事物的本质和规律的一种思维方法。综合性思维不是把事物各个部分、侧面和属性的认识，随意地、主观地拼凑在一起，也不是机械地相加，而是按它们内在的、必然的、本质的联系把整个事物在思维中再现出来的思维方法。

案例

三位来自荷兰的华裔教授到西安旅游，一出机场，就有一大群出租车司机蜂拥而来。其中一人更是热情，当这个司机知道他们是从荷兰来的，便拿出一本意见簿，其中一页上全是荷兰文，写的是一对荷兰夫妇对这个出租车司机热情服务的赞扬。就这样，这三位游客的西安之行就由这位司机全程负责了。

他们在西安的三天过得很舒服、愉快，他们能买到价格较低的中国游客门票，他们在农家院里和农民们一起喝茶，他们从来不用看旅游指南，而这个司机在这三天里也过得很舒服、愉快，他不必到处兜揽生意，也不必在机场候客。临分别时，三位荷兰游客给了他200欧元的小费，而且，这位司机还从他们去的商店、餐馆那里得到了一些回扣。

三年后，当这三位荷兰游客再次来西安见到这位司机时，他已经有了私家车，而且准备开一家餐馆。

这位司机不是机场拉客者，也不单是出租车司机，更不是旅游中介，他集以上角色于一身，是一位价值创新者，他凭简单的策略和诚恳，为自己创造了一个利润颇丰的细分市场。

创新的使命意味着为发展开辟认识和实践的道路。这也决定了创新就要吃苦头，就要迎难而进、迎难而上，就要不怕担风险，不怕付出代价。创新的本质特征是敢为人先、敢走前人没有走过的路，具有很强的探索性。要探索，就难免碰钉子、摔跟头，甚至出现某些失误。这就意味着要创新，就要有足够强大的自身素质，有足够好的个人性格品质。

案例

说起戴森，人们的第一反应就是吸尘器了，戴森作为英国一家以技术创新为主的公司，其座右铭就是用科技改变人们的生活方式。自从戴森进入中国市场之后，其产品受到大量国人的喜爱，即使超高的价格也并未阻止人们的购买热情。

擅长制造空气动力设备的戴森公司又盯上了家中的水龙头，做出了Air blade Wash+Dry水龙头，加入烘干功能，14秒内吹干双手。戴森Air blade Wash+Dry水龙头使用了高效微粒滤菌器，可以去除空气中99.97% 0.3微米的细菌。Air blade Wash+Dry的戴森数码马达V4经过了重新调校，功率降低至1000W，加入亥姆霍兹共振腔，减少流经干手器的空气所产生的乱流噪声和数码马达的高频噪声，同时还把气道尺寸从0.8毫米缩窄到0.55毫米，这样即便空气总量减少了，出风口处仍然能保持高风速。气道形状也经过了重新设计，进一步把噪声降低，使得整机的工作噪声相比Air blade Tap降低了39%。同时Air blade Wash+Dry也变得更节能环保，其出水量已经低至1.9升/分钟，用水量降低超过一半，而且碳排放也比使用擦手纸减少79%。一头出水，一头吹风，洗完手马上就能吹干。不仅节约了电能，更节省了时间。

创新和创业有着密不可分的联系，一方面创业活动能够为创业者拓展创业领域，创造更多的创新机会；另一方面，创业活动又能够为创新提供实践和经验，从而推动创新活动的进一步发展。

案例

1块钱如何变成100块钱？

【测试】

这听起来有些不靠谱。但在斯坦福大学的课堂上，Tina Seelig教授做了这样一个小测试，虽然不是1美元，但也差不多。她给了班上14个小组各5美元，作为启动资金。学生们有4天的时间去思考如何完成任务，当他们打开信封，就代表任务启动。每个队伍需要在2个小时之内，运用这5美元赚到尽量多的钱。然后在周日晚上将他们的成果整理成文档发给教授。并在周一早上用3分钟时间在全班同学面前展示。

虽然斯坦福的学生个个顶尖聪明，但对于涉世未深的他们来说，这仍然是个不小的难题。为了完成这项任务，同学们必须最大限度地利用他们所拥有的资源也就是这5美元。

如果是你，你会怎么完成这项挑战呢？

当教授在课堂上第一次向同学们提出这个问题的时候，底下传来了这样的回答“拿这5美元去拉斯维加斯赌一把！”“拿这5美元去买彩票”，这样的答案无疑引来了哄堂大笑。这样做并不是不可行的，但是他们必须承担极大的风险，也几乎是不可能完成的。另外几个比较寻常的答案是先用初始资金5美元去买材料，然后帮别人洗车或者开个果汁摊。这些点子确实不错，赚点小钱是没问题的。不过有几组想到了打破常规的更好的办法，他们认真地对待这个挑战，考虑不同的可能性，创造尽可能多的价值。

【方案】

他们是怎么做到的呢？你最宝贵的资源并不是这5美元。挣到最多钱的几支队伍几乎都没有用上教授给的启动资金也就是这5美元。他们意识到：把眼光局限于这5美元会减少很多的机会。5美元基本上等于什么都没有，所以他们跳脱到这5美元之外，考虑了各种白手起家的可能性。他们努力观察身边：有哪些人们还没有被满足的需求。通过发现这些需求，并尝试去解决，前几名的队伍在两个小时之内赚到了超过600美元，5美元的平均回报率竟然达到了4000%！好多队伍甚至都没有用到他们的启动资金，这么看来他们的投资回报率竟然是无限的！所以他们是怎么创造这些奇迹的呢？

创造奇迹的办法一：

有一个队伍发现了大学城里的一个常见问题，一到周六晚上某些热门的餐馆总是排起长队。这支队伍发现了一个商机，他们向餐馆提前预订了座位，然后在周六临近的时候将每个座位以最高20美元的价格出售给那些不想等待的顾客。在那一晚，他们观察到了一些有趣的现象：

1. 团队里的女学生比起男学生卖出了更多的座位，原因可能是女性更具有亲和力。所以他们调整了方案，男学生负责联系餐馆预订座位，女学生负责找客人卖出他们这些座位的使用权。

2. 他们还发现了当餐馆使用电子号码牌排队的时候，他们更容易卖出座位，因为实物的交换让顾客花钱之后得到了有形的回报，让顾客感觉自己所花的钱物有所值。

创造奇迹的办法二：

另外一支队伍用的方法更加简单。他们在学生会旁边支了一个小摊儿，帮经过的同学测量他们的自行车轮胎气压。如果压力不足的话，可以花1美元在他们的摊点充气。

事实证明：这个点子虽然很简单但有可行性，虽然同学们可以很方便地在附近的加油站免费充气，但大部分人都乐于在他们的摊点充气，而且对他们所提供的服务都表示了感谢。不过，在摊子摆了1个小时之后，这组人调整了他们的赚钱方式，他们不再对充气服务收费，而是在充气之后向同学们请求一些捐款。就这样，收入一下子增加了！这个团队和前面那个出售预订座位的团队一样，都是在实施的过程中观察客户的反馈，然后优化他们的方案，取得了收入的大幅提升。

这些团队的表现都很不错，班内其他的同学对他们的展示印象也很深刻。

不过赚了最多钱的那个团队才是真的牛，他们真正把“Think outside the box”（创造思维）发挥到了极致。

创造奇迹的办法三：

这个团队认为他们最宝贵的资源既不是5美元，也不是2个小时的赚钱时间，而是他们周一课堂上的3分钟展示。斯坦福大学作为一所世界名校，不仅学生挤破了头想进，公司也挤破了头希望在里面招人。这个团队把课上的3分钟卖给了一个公司，让他们打招聘广告。就这样简简单单，3分钟赚了650美元。他们发现：他们手头最有价值的资源既不是去售卖自己的时间，也不是去卖面子，而是售卖他们班上的同学。这些人才才是社会最需要的。这种思维方式，就是现在人人都在追求的“Think outside the box”。找到最直观的解决方法然后排除它，斯坦福的这组学生所体现出来的最好的“Think outside the box”的做法是什么？

下面这个原则将对你非常实用。

“当遇到问题时，先找出看起来最明显的解决方法，然后将它排除掉。好，现在可以开始思考其他的解决方式了。”这个概念听起来可能有点虚，我来举个例子。想象你现在是个雄心勃勃的创业者，比如，你想开家餐馆，像下面这个样子。餐厅是干什么的？提供食物。但是不忖，现在我告诉你这家餐馆不能提供食物，或者说，食物很一般。换句话说：你要开一个不以食物吸引人的餐厅。既然决定不用食物吸引客人，那么要用什么吸引客人呢？

1. 你可以把重点放在营造与众不同的餐厅氛围上，开一个主题餐厅，比如一个航空主题的餐厅（把餐厅打造成飞机的样子）。

2. 或者你邀请一支很棒的乐队或歌舞团来演出。

3. 你还可以把用餐环境布置成儿童乐园的样子，吸引亲子聚餐。

4. 你甚至可以把用餐环境移至室外。

还有很多其他的方案……

当排除了“食物”的亮点之后，你需要思考的就是打破常规的点子，这就是“Think outside the box”。善于“Think outside the box”的人，不仅能发现别人看不见的解决方式，还能识别别人没有意识到的资源，并把它包装出最大的价值。就是这样，在做任何事情的时候，你都可以尝试不同的解决办法——先排除那个显而易见的，以此为前提去思考：如果解决你手头工作最简单的方案不给力了，你还有什么办法？

如果你的老板今天不给你发工资了，你还有什么谋生之道？

如果情人节不让送花了，你会给心爱的TA送什么？

如果热门旅游景点都不给游客发签证了，你还能去哪玩？

“你活在盒子里，工作在盒子里，你驾驭这个盒子，最终又被埋葬在盒子里。跳出思维的盒子，当你真的发现这种思维方式的时候，你会发现，其实外面本没有盒子。”跳出你思维的盒子，你的生活也会增加许多可能性。你所得到的，将不仅是100美元。

（摘自《如何在2小时内用1块钱赚到100块？他们是这么干的！偏门捞偏门赚钱点子冷门暴利行业生意精编版》

https：//wenku.so.com/d/441b5b404ebc36bbd1106c36513ef08b）

案例分析

如何在2小时之内将1块钱变成100块钱？这听起来有些不靠谱。斯坦福的学生组成的队伍中排名靠前的几支在2个小时之内赚到了超过600美元，5美元的平均回报率竟然达到了4000%！好多队伍甚至都没有用到他们的启动资金就创造了奇迹。由此可见，打破常规，创新思维方式，对于创业成功与否至关重要。

3. 常见的创新思维方式

（1）发散思维与聚合思维。发散思维（又称扩散思维）是对同一问题从不同层次、不同角度、不同方面进行思索，从而求得多种不同甚至奇异答案的思维方式。其主要特点是：多向性、灵活性、开放性与独特性。多向性是指从问题的各个方向去思考，避免单一、片面；灵活性是指在各个方向之间灵活转移；开放性是指每个思路都可以任意思考下去，没有任何限制；独特性是强调思路的特殊性、奇异性，富有创新性。

聚合思维（又称收敛思维）是为了解决一个问题，尽量利用已有的知识和经验，把各种相关信息引导、集中到目标上去，通过选择、推理等方法，得出一个最优或符合逻辑规范的方案或结论。主要特点是同一性、程序性、封闭性与逻辑性。同一性是说，思维的目标同一，沿着求同方向进行；程序性是指不像发散思维那样灵活、自由，而是必须按照一些程序进行；封闭性是指其思考范围有限，面向中心议题；逻辑性是指思维过程必须遵守逻辑规律。

发散思维是拓展思路，冲破思维定式的束缚，从各个方向上想出许许多多新奇、独特的办法或方案。聚合思维是将各种办法、方案加以分析、比较，为创新选择方向。两者相互依存，只有把发散思维和聚合思维辩证统一起来，当作思维方式不可分割的两个方面，才能真正理解、发挥它的作用。

（2）正向思维和逆向思维。正向思维：依据现有的科学技术，按照时间顺序、事物与认识发展的自然进程进行的常规思维。

其特点是：

第一，与时间的方向一致，符合事物的自然发展进程和人类认识发展的顺序；

第二，能够发现、认识以正态分布出现的新事物及其本质与规律；

第三，提高了日常工作与生活中处理大量常规问题的效率；

第四，绝大多数人类都普遍使用，是应用最广泛的思维活动。

逆向思维：即与正向思维——时间顺序、事物与认识发展的自然进程对立、相反的方向进行的非常规思维，虽然容易导致谬误，但往往会产生意想不到的效果。

其特点是：

第一，逆向性，即与正向思维对立、相反、颠倒的方向、角度思考问题，出人意料；

第二，求异性，用挑剔、批判的眼光看待一切事物，方法与结果同常规形成强烈、巨大的反差；

第三，反常规、反传统、反习惯，是对权威的挑战，非特异——自觉、主动、自信、有勇气——所不能为；

第四，开始时总是不能被多数人理解与接受，甚至遭到强烈反对和压制；

第五，常常失败，而一旦成功往往具有重大的创新价值。

（3）横向思维与纵向思维。横向思维是从空间的各个方向上，即从思维对象与周围事物之间的相互联系、相互作用中来考察其本质、特点和运动规律，因此具有同时性、横断性和开放性三个特点。

纵向思维是从事物自身的历史发展——时间中来考察它的来龙去脉，掌握其变化的规律性，以便预测未来的发展趋势，因此，具有历史性、连续性和预测性三个特点。

在人类认识世界、改造世界的过程中，总是从正面直接着手处理、解决问题，这是最简单、方便、省力的，以往科学中的许多定理、定律就是从正面认识事物规律所获得的成果，只要运用这些规律、定理就能从正面直接解决问题，谁也不会自找麻烦从侧面迂回间接地处理，因此，也就逐渐成为常规性的主导思维模式，这就是纵向思维。

但是当从正面直接处理、解决问题遇到困难时，从侧面开阔思路，以间接、迂回的方式想出解决问题的办法，这就是横向思维。横向思维在创新中的作用主要就体现在突破这种传统、常规的主导思维模式，从侧面迂回地想出解决问题的方法。

案例

产品创新的成功案例——特仑苏

【背景】

当我们翻开蒙牛自从上市以来的财务报表时，也许会感觉到这家企业的利润还不错。但对蒙牛而言，产品毛利率一直是个心病。几年前，除了纯牛奶，无论冰激凌、奶粉，还是酸奶，都不怎么赚钱，公司更多要靠国家减免政策来维持。对一个私营企业来说，低毛利率是埋在脚下的“地雷”，一不小心，就会爆炸，后果不堪设想，尤其对几十亿规模的大型企业而言更是如此。更糟糕的是，2003—2004年的价格战，让他们的纯牛奶也跌到了盈利的低谷，集团上下都为利润而发愁。所以，当时在中国乳业，没有一家企业比蒙牛更加渴望突破，也没有一家企业比蒙牛更加渴望新的利润增长点。这便是他们走“创新”之路的最大动机。

【关键词】特仑苏、蒙牛、产品创新

在食品消费市场上，牛奶始终被看作一种大众消费品，是被认定为“不可能做出花样来”的商品，然而蒙牛推出的特仑苏牛奶，打破了这种保守的思维定式，剑指高端，在众人的质疑声中获得了市场的认可。2005年底推出的蒙牛差异化品牌特仑苏牛奶，经历短短的一年时间，其在上海一个市场的销售量

就达到日均1万箱，而在其市场运作强势的北方地区，这个数字更高。2006年3月底，特仑苏OMP奶高调上市，以增加品种的方式进一步巩固和细分市场。进入2007年，国内各大乳品品牌纷纷推出高端液态奶产品，而特仑苏依然保持强劲的增长势头，并以开拓者的身份引领着高端液态奶市场。据北京物美超市市场部经理左英杰介绍，特仑苏在高端牛奶中是销量最好的，其余各品牌的高端产品占据着相对低一些的市场份额，总体市场处于向上发展的态势。

特仑苏有哪些创新的地方呢？除了典雅、高贵的包装外观、整箱不拆零的终端销售方式，其奶蛋白含量超过3.3%，超出国家标准13.8%。在营养成分上优于普通产品。蒙牛在特仑苏纯牛奶包装盒上将“3.3”作了放大处理，此举对普通纯牛奶产生了极大的杀伤力，吸引了大批关注营养和健康的消费者。随后蒙牛又推出OMP“造骨蛋白”概念，以高科技突出品牌的技术优势，从而烘托出品牌价值。产地优势，位于乳都核心区和林格尔。北纬40°左右优质奶源带、1100米海拔、年日照近3000小时、昼夜温差大等地缘优势，滋养12国精选牧草，如此优越的地理位置和环境，加上蒙牛作为乳业领头羊的优势加工技术，使得特仑苏产品天生就含有丰富的天然优质乳蛋白，其整体营养含量更是高于普通牛奶，而且口味更香、更浓、更滑。在寻求新的品牌驱动上，蒙牛突破了以往以企业整体品牌驱动子品牌，建立子品牌关联知名度的打法，另辟蹊径，让特仑苏独立出蒙牛的品牌，在弱化蒙牛鲜明的企业品牌的同时，强化子品牌。凸显了它的气质完全不同、包装完全不同、终端陈列不同。

特仑苏的价格比较贵，有多少人会去买呢？一项对爱喝牛奶的理由调查中发现，消费者喝牛奶不只是为了追求健康，在经常喝牛奶的消费者中，15.79%的人是将其作为一种“好滋味的饮料”来细品的。而进一步的问卷指出，如果有各方面表现都出众的“特优质”液态奶新品，价格在普通奶2～3倍的范围内都是可接受的。

2006年10月22日，IDF国际乳品联合主席Jim Begg在第27届IDF世界乳业大会上宣布，蒙牛“特仑苏”获得IDF全球乳业“新产品开发”奖。这个奖项的获得展示了一个年轻的乳品企业战胜百年巨头的传奇，这也是中国企业代表首次登上全球乳业领奖台。Jim Begg指出，IDF大奖是全球乳业的最高荣誉。蒙牛“特仑苏”的获奖，对于中国乳业具有非常重大的意义，其提升了中国在全球乳业中的地位。在特仑苏取得成功的基础上，蒙牛乳业携手国家公众营养与发展中心、北京大学医学院共同研发了全球领先的OMP技术，推出全球第一款“补钙又留钙”的特仑苏OMP牛奶，这一尖端技术为特仑苏摘取IDF“新产品研发”大奖加上了最为厚重的一颗砝码。

（摘自《产品创新的成功案例——特仑苏》

http：//www.wendangku.net/doc/b45dcc717fd5360cba1adbf8.html）

案例分析

蒙牛运用产品创新策略推出特仑苏非常成功。随着市场经济的发展和科学技术的进步，企业产品生命周期越来越短，加快产品创新、缩短产品开发时间已成为企业获得和保持竞争优势的关键。然而，由于产品创新管理过程具有高度的不可预见性和风险性，即便世界一流企业也很难避免产品创新的失败。据美国管理学家梅尔·克劳福特统计，第二次世界大战以来美国和欧洲企业产品创新的失败率工业品平均是25%，消费品平均是35%。要使产品创新马到成功，需要按照科学的方法谨慎操作。

首先要掌握消费者需求，蒙牛了解到在经常喝牛奶的消费者中，15.79%的人是将其作为一种“好滋味的饮料”来细品的。而进一步的问卷指出，如果是各方面表现都出众的“特优质”液态奶新品，价格在普通奶2～3倍的范围内都是可接受的。

然后要找准产品创新的切入点，一般说来，新产品根据创新程度不同可分为：（1）连续性革新产品。（2）间断性革新产品。（3）跳跃性革新产品。我认为特仑苏的推出是以跳跃性革新产品为切入点的。跳跃性革新产品是指在功能相近的同类产品中产生了实质性变化的新产品。这类新产品的产生，一般都以某行业技术或若干行业综合技术的进步作为先导。只有在技术发展过程中进行重大突破，并把技术进步的成果应用在产品实体开发中才能产生出跳跃性革新产品。

最后要选择产品创新策略，我认为蒙牛推出特仑苏选择的是组合型产品创新策略。产品创新的重点，是通过对现有技术的组合形成创新产品。组合技术创新的产品，可以以现有的市场为目标来满足现有的需要，也可以以新市场作为目标市场创造新需求。

课堂讨论

1. 通过本章的学习你能为自己描绘一个数字画像吗?
2. 在了解了创业的相关背景后，你还有创业的打算吗?

第2章

创业，你准备好了吗？

本章内容导学

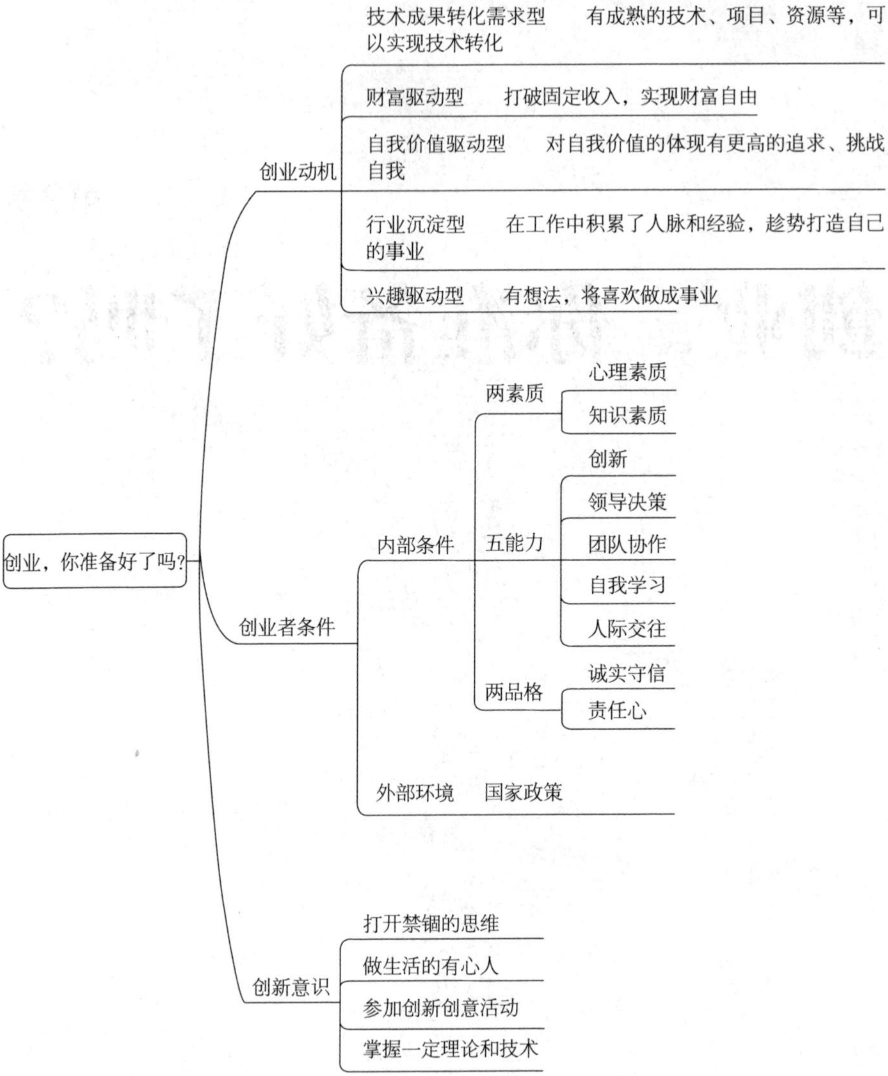

同学们，创业，你准备好了吗？在本章，我们将一起学习，什么是创业动机，创业者应具备什么样的条件，以及创业意识该如何培养？学习之前，我们先来看一个关于肯德基创始人的故事。

案例

《被拒绝了1009次的肯德基创始人》

肯德基创始人——桑德斯上校。1890年出生的他，创业路充满了传奇，他年轻时做过各种工作，包括铁路消防员、养路工、保险商、轮胎销售及加油站站主等，最后在餐饮业上找到了事业的归宿。当他在肯德基州经营加油站时，为了增加收入，他自己制作各种小吃，提供给过路游客；生意由此缓慢而稳步地发展，而他烹饪美餐的名声也吸引了过往的游客，故肯德基州长于1935年授予他肯德基上校官阶，以表彰他对肯德基州餐饮的贡献。

桑德斯上校退休后所有的财产只是一家高速公路旁的小饭店。饭店虽小，但颇具特色，与众不同。其中最受欢迎的也是客人最爱吃的一道菜就是他发明烹制的香酥可口的炸鸡，仅此就给他带来了一笔可观的财富。多年来，他的客人一直对他烹制的炸鸡赞赏有加。可是令他万万没想到的是，由于高速公路改道，饭店的生意突然间一落千丈，最后只好关门歇业。被逼无奈，桑德斯上校决定向其他饭店出售他制作炸鸡的配方，以换取微薄的回报。

在推销的过程中，没有一家饭店愿意购买他的配方，并且还不时地嘲笑他。一个人在任何年龄都不愿意被人嘲笑，更何况到了退休的年龄，这就更令人难以接受了。而这恰恰发生在了桑德斯上校身上。他不但被人嘲笑并且接连不断地被人拒绝，这些经历对他的影响极大。但他始终没有放弃，在没有找到买主之前，他开着车走遍了全国，吃住都在车上，在被别人拒绝了1009次后，才有人同意采纳他的想法，购买他的配方。从此他的连锁店遍布全世界，也被载入了商业史册。这就是肯德基的由来。

肯德基的故事告诉我们，创业是一种创新的思维模式。面对有限的资源，利用自己的智商、情商和胆量，聚焦于发现和创造机会，不受限于资源的匮乏。简单来说，创业者需要灵活变通，懂得如何从微观中洞悉创业机会，拥有着顽强、不屈、坚韧的个人品格（图2-1）。如果你想创业，准备好了吗？开始创业前，请思考以下几个问题：你有创新意识吗？创业动机是什么？你具备哪些创业条件？

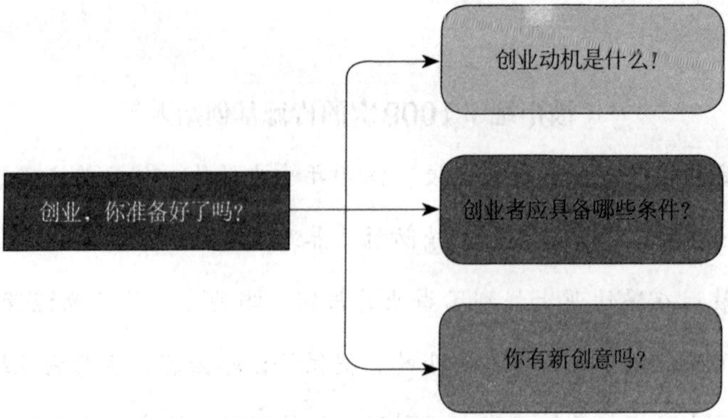

图2-1 创业准备

2.1 创业动机

创业这个词，听起来充满美好与挑战，让无数人前赴后继，但是，却很少有人思考一个问题：自己的创业动机是什么？简单来说就是你为什么要创业？是因为……

（1）失业或就业困难。

（2）讨厌老板或公司，讨厌被人使唤，想做老板过瘾。

（3）看到比自己差的人都创业致富了，自己也想快速致富。

（4）希望可以自己支配时间，生活自由。

（5）认为自己有一个超好的创意，可以颠覆别人。

如果你有以上想法，那是你一时的情绪，不能单纯地理解为创业动机。在这个世界上，有很多才华横溢、富有创意、家庭条件优越的人，但是大多数创建伟大事业的人，他们的人生之初都可以称为平平无奇，甚至是艰苦。为什么他们可以创业成功？客观因素有很多，无一例外的是，他们都有一个纯正的创业动机。

创业不是逃避工作的借口，也不是比打工更高贵的事。倘若不顾实际情况，在错误的创业动机驱使下，创业能够成功的概率微乎其微，那怎么能辨别是情绪使然还是创业动机呢？创业动机可以分为以下几类：（1）技术成果转化需求型；（2）财富驱动型；（3）自我价值驱动型；（4）行业沉淀型；（5）兴趣驱动型（表2-1）。

表2-1 创业动机的类型

创业动机类别	类型理解
技术成果转化需求型	有成熟的技术、项目、资源等，可以实现技术转化，以创新成果回馈社会。
财富驱动型	通过创业，打破固定收入，实现财富自由。
自我价值驱动型	对自我价值的体现有更高的追求，敢于挑战自我，向着理想步步靠近。
行业沉淀型	在工作中积累了人脉与经验，趁势打造属于自己的事业天地。
兴趣驱动型	有想法、有品位，将喜欢做成事业，比如艺术馆、创意小店等。

创业者说

创业者就是具有“企业家精神”并致力于创造新价值的劳动者。创业者开创伟业，但未必创建企业。创建企业的创业者，成功后被称为“企业家”，而优秀的企业家，本质上就是创业者，他们并不标榜自己是企业家，而仍然会说“我是创业者”。

2.2 创业者应具备哪些条件？

如今，在国家政策的大力支持下，涌现出越来越多的创业者，但是创业不是简单的开店卖货，需要考虑的问题和应具备的条件非常多，众所周知，想要创业很难，想要创业成功更是难上加难了。创业者想要取得成功，除了需要拥有充分的资金，还需要具备一定的能力和素质，只有满足这些条件后，创业者才可能取得成功（图2-2）。那么对于创业者来说，应该具备哪些条件呢？

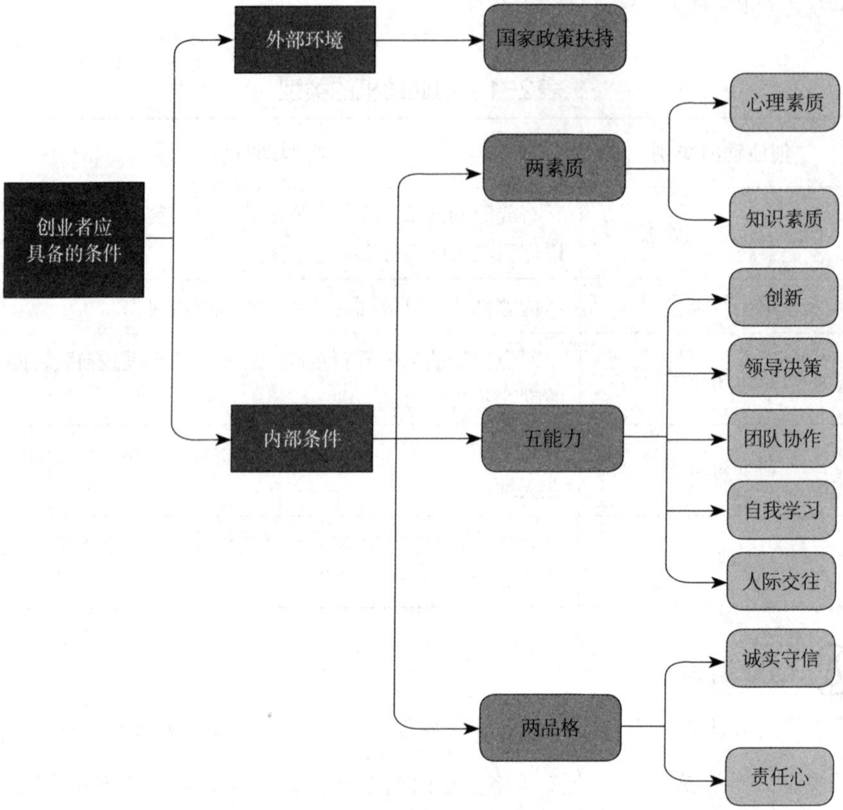

图2-2 创业者应具备的条件

2.2.1 外部环境

为支持大学生创业，国家和各级政府出台了许多优惠政策，涉及融资、开业、税收、创业培训、创业指导等诸多方面。对打算创业的青年大学生来说，了解这些政策，才能走好创业的第一步。

（1）大学生在毕业后2年内自主创业，到创业实体所在地的工商部门办理营业执照，注册资金（本）在50万元以下的，允许分期到位，首期到位资金不低于注册资本的10%（出资额不低于3万元），1年内实缴注册资本追加到

50%以上，余款可在3年内分期到位。

（2）大学毕业生新办咨询业、信息业、技术服务业的企业或经营单位，经税务部门批准，免征企业所得税两年；新办从事交通运输、邮电通信的企业或经营单位，经税务部门批准，第一年免征企业所得税，第二年减半征收企业所得税；新办从事公用事业、商业、物资业、对外贸易业、旅游业、物流业、仓储业、居民服务业、饮食业、教育文化事业、卫生事业的企业或经营单位，经税务部门批准，免征企业所得税一年。

（3）各国有商业银行、股份制银行、城市商业银行和有条件的城市信用社要为自主创业的毕业生提供小额贷款，并简化程序，提供开户和结算便利，贷款额度在2万元左右。贷款期限最长为2年，到期确定需延长的，可申请延期一次。贷款利息按照中国人民银行公布的贷款利率确定，担保最高限额为担保金的5倍，期限与贷款期限相同。

（4）政府人事行政部门所属的人才中介服务机构，免费为自主创业毕业生保管人事档案（包括代办社保、职称、档案工资等有关手续）2年；提供免费查询人才、劳动力供求信息，免费发布招聘广告等服务；适当减免参加人才集市或人才劳务交流活动收费；为创办企业的员工优惠提供一次培训、测评服务。

除了国家政策的保驾护航，创业者自身还需要具有一定的内部条件，即拥有“两素质，五能力，两品格”。

2.2.2　内部条件

案例

唱吧创始人陈华：可怕的不是失败，而是放弃

一个已经计划散伙的团队，在最后的一刻决定推出一个项目，如果这个项目再不成功，那就解散团队。可就是这最后一个项目，却使整个团队起死回生，而他们推出的这个项目就是广受好评的手机应用“唱吧”，而他就是“唱吧”的创始人陈华。虽然只是一个手机应用，却在推出后没有任何推荐的情况下，第5天就成为苹果App Store里下载量第一的手机应用，而“唱吧”也成为很多人手机里必备的软件之一。同时已有风投愿意为这款“还未找到合适的盈利渠道，并且近期不打算盈利”的软件出资近千万美元。更让许多人没有想到的是，“唱吧”在5个月内即吸引了近百万的用户，甚至连韩红、宋丹丹这样的明星大腕也时常会跑到“唱吧”小露一手，而在“唱吧”唱歌的网友更是数不胜数，有几岁的小孩，也有七八十岁的老人……

其实，当初“唱吧”软件的上线完全是偶然。2011年2月，陈华从阿里巴巴辞职后，开始自己创业。陈华带着来自酷讯、阿里巴巴、开心网的创业团队，开始寻找一个“靠谱的”产品方向。很快陈华就定位于做电商，在整个团队的努力下，两个月后陈华推出了导购促销网站——最淘网，可是最淘网并没有达到预期效果，最后在苦苦坚持了几个月后仍然没有任何起色，陈华只好放弃了。

在放弃最淘网后，陈华的团队陷入了一个创业的怪圈：只要有人提出一个创业计划，马上就会有好几个同事出来否定，几个月下来，一个创业计划都没有通过。最后就在团队即将解散的时候，陈华提出了一个项目：做一个普通人唱歌的KTV软件。陈华给团队介绍说，现在KTV的兴起满足了很多人唱歌的需求，可是为什么不能开发一款手机上用的类似的软件呢？尽管陈华的设想很好，可还是遭到了同事们的反对。最后在好几个备选方案里，勉强通过了陈华的方案，做一个KTV唱歌软件。2012年春节后，陈华团队开始投入唱歌软件的研发中。为此，工程师翻阅了很多关于声音的理论书籍，并专程跑到唱片公司去请教。

因为是最后一个项目，整个团队做了最大的努力，让陈华喜出望外的是，“唱吧”刚一上线就受到了众多网友的欢迎，下载量更是高居第一，这远远超出了陈华和同事们的预想。众多明星开始进驻“唱吧”，更让陈华惊喜的是《中国好声音》剧组也找到陈华，准备和“唱吧”合作，邀请一批学员到“唱吧”开唱。

在创业的过程中，遇到的困难和挑战是不可预见的，但为什么案例中“唱吧”创始人陈华能够在那么多的失败中坚持下来呢？

唱吧创始人陈华的创业故事告诉了我们，没有一只鸟会死在寻食的路上，只要坚持就会有成功的一天，对创业者来说，可怕的不是失败，而是放弃。那么创业者还应当具备哪些内部条件呢？

（1）两素质，即心理素质和知识素质。创业者需要具备强大的心理素质，比如勇于吃苦、敢于拼搏、永不言弃，因为创业不是一帆风顺的，在创业的过程中会遇到各种各样的问题，机会与风险并存，面对复杂多变的局势，随处可见的风险，创业者每向前迈进一步，都可能遇到新的问题，因此，拥有好的心理素质必不可少；此外，创业者还需要拥有较强的知识素质，在竞争越来越激烈的当今时代，创业不可能仅靠激情就能成功，因为创业者需要进行选择和决策，必须掌握广博的知识，具有丰富的知识结构。比如，创业者需要提高自己的管理水平，那么就必须去学习科学的经营管理知识；任何行业不紧跟科技的发展都会落后，因此需要学习与本行业相关的科学技术知识；必须具备市场经济方面的知识；必须具备一些政策、法律等方面的知识。

案例

携程超级团队

携程公司有着非常神奇的历史。它是中国互联网历史上的一个奇迹。我们通过案例来看看携程超级团队的建立和协作。

发起这次创业旅程的是季琦和梁建章。1999年，互联网热潮席卷整个世界。不管是地铁车厢、街头巷尾还是酒吧茶馆，总能听见大家说要建个网站。

季琦和梁建章也第一次有了做一个网站的想法。季琦是个普通家庭的孩子。考到上海交通大学之后，他没有走常规的职业路线，而是受到了当时经商潮流的感召，成为一个卖电脑的专业户。梁建章则不太需要通过卖电脑来获得人生价值。他从小就有一个称号：大头神童。13岁那年他就在计算机上写了一个作诗的程序，被上海电视台报道；15岁的时候他跳过高中，直接进入复旦大学少年班。一年后他考入佐治亚理工学院学习计算机，很快就读到了硕士。后来顺利地进入了美国的甲骨文公司工作。

早早就开始创业的季琦是那个开创者和行动者，梁建章内敛、沉稳、理性，是个总爱用数学说话的思想者。这两个人虽然背景不同，但对一件事有着高度的共识——互联网最大的机会应该在中国。有了创立一家网站的想法后，在那个风险投资还不盛行的时代，他们的第一反应是，应该再找一个有资金的人。

这时候他们想起了一个共同的好友，既是季琦的大学同届校友，又和梁建章在美国相识。这个人就是现在中国最重要的投资人——沈南鹏。比起另外两个人，沈南鹏的背景毫不逊色。他中学的时候就获得过全国数学竞赛一等奖，后来进入了上海交通大学应用数学系学习，先后考入美国哥伦比亚大学数学系、耶鲁大学商学院。毕业之后，他成为中国最早一批进入美国华尔街的金融从业者。

就像一个超级英雄团队一样，季琦、梁建章和沈南鹏组队之后，虽然三个人性格和背景都非常互补，但团队里缺一个真正懂旅游的人。范敏就是他们的答案。他也是上海交通大学的学生，研究生毕业后加入了上海的老牌国企新亚集团，逐渐成长为新亚集团旗下上海大陆饭店的总经理。一次偶然的机会，季琦听说了范敏这个人，发现他也是交大毕业，做过旅行社，还在瑞士进修过酒店管理，觉得这就是他们要找的人。经过无数次的软磨硬泡，范敏心里的激情终于被唤醒，答应参与这次创业。

案例中携程超级团队中的每个人，都有学识、有经历、有胆识、能决策，他们性格互补，在创业过程中都在各自擅长的领域发挥着重要作用。

（2）五能力，即创新能力、领导决策能力、团队协作能力、自我学习能力和人际交往能力。

创新能力。创业者如果没有创新能力，就会和平平淡淡的普通人一样，创业也不会有很好的发展前景。高中毕业后干起家电维修的小胡和小姜，每天都以修收音机、电视机为生，但前者是一个经营上的“不安分者”，后者则是一个循规蹈矩的“老实人”。不久前，小胡又突发奇想，寻找到新的商机：他看到当地的农民用上了自来水，想到将来有可能使用洗衣机，有洗衣机便会有维修洗衣机的业务。于是，他买回本地市场上常见品牌的洗衣机供周围的人使用，目的之一是让人们尝尝洗衣机的甜头，目的之二是学习洗衣机的结构、保养和维修知识。果不其然，一年后，洗衣机下乡进农村，维修业务几乎全被小胡包揽了，而小姜只能眼睁睁看着自己失去一次扩大维修范围的机会。创业者最基本的素质，就是善于发现人们遇到的问题和未被满足的需要，其中就能发现新的机会，这就是创新能力。

案例

戴尔的成功：迈克尔·戴尔本人领导力的体现

戴尔电脑是个很好的案例，戴尔电脑的成功在很大程度上可以归结为创始人迈克尔·戴尔先生的领导力。用前戴尔亚太采购负责人方国健的话说就是：“迈克尔·戴尔的特质之一是极有远见，他通常在认定一个大方向以后就亲自披挂上阵，带领全公司彻底执行。”有两个例子可以证明迈克尔·戴尔本人的领导力。

一个例子是戴尔电脑推动国际互联网的深度运用与普及化的过程。迈克尔·戴尔很早就意识到，互联网将彻底改变人的生活形态与工作习惯，而且是直销的一种利器，有必要大力宣传、推动对互联网的重视。为了做好这项工作，迈克尔·戴尔安排在公司内部到处张贴一种大海报，在这张海报上，迈克尔·戴尔本人一脸酷相，半侧着身子，一手直指画外（观众），海报上印了一行大字：

Michael wants you to know the net!（迈克尔希望你把互联网搞通！）

戴尔还在好几次公开演讲中热情洋溢地宣扬他对互联网的看法。此番努力的结果就是：戴尔电脑有70%的营业额可以通过网络下单成交，公司的多数管理制度及工具可以在网络上实行。

另一个案例是关于戴尔公司供应商的选择管理。戴尔电脑是依靠OEM模式（OEM模式是一种代工生产方式，意思是品牌生产者不直接生产产品，而是利用自己掌握的关键的核心技术设计和开发新产品，控制销售渠道，具体的加工任务通过合同订购的方式委托同类产品的其他厂家生产）来运营的企业，原材料供应商和产品制造商的管理是戴尔公司的关键，戴尔本人非常重视，不仅对各个供应商的报价和产品标准细节了如指掌，派高级管理人员不断巡视这些厂家，而且每年都要亲自到供应商的生产现场考察数次，对生产细节十分重视。

案例中，我们可以看到，戴尔本人有非常卓越的领导决策能力，往往这种领导决策能力能够让创业者在创业过程中获得事半功倍的效果。

领导决策能力。领导力是创业者及时正确做出决策的能力，也是保证创业成功的必备能力。“一头绵羊带领的一群狮子，敌不过一头狮子带领的一群绵羊”，一个组织的成败往往取决于组织的领导，领袖的魅力、魄力、预见力指引组织正确的目标和方向，而领袖的一个错误决断很可能就将组织带入困境，举步维艰。

团队协作能力。唐僧师徒爬高山，渡险河，斩妖伏魔，历经九九八十一难，最终取得真经，是一个成功团队的典范。马云非常推崇这支团队，认为它是最完美的团队，师徒四人性格各不相同，却又同时有着不可替代的优势。唐僧慈悲为怀，使命感很好，有组织设计能力，注重行为规范和工作标准，所以他能担任团队主管，做团队的核心；孙悟空本领高强，是取经路上的先行者，能迅速理解、完成任务，是团队业务骨干和铁腕人物；猪八戒看似实力不强，又好吃懒做，但是他善于活跃工作气氛，使取经之旅不至于太沉闷；沙僧勤恳、踏实，平时默默无闻，关键时刻他稳如泰山，能稳定局面。

古往今来，有关团队协作的谚语数不胜数，一根筷子易折，一把筷子难断；

红花虽好，也仗绿叶衬映。创业成功者没有任何一个人是单打独斗便成功的，团结自己的创业团队，发挥集体力量，对创业成功有至关重要的作用。

自我学习能力。在创业的过程中，创业者还需要具备自我学习能力，就是每掌握一门新知识，都将其放入自己已有的知识体系内，重新消化理解，建立自己的知识体系，并最终融入自己的创业实践之中。

人际交往能力。创业者不可或缺的是人际交往能力。斯坦福研究中心的一份调查报告显示：一个人赚的钱，12.5%依赖其掌握的知识，而其余87.5%依赖其人际关系网。因此，在创业过程中，去领导和管理自己的创业团队，去与合作伙伴进行谈判商洽等，皆需要创业者具备较强的人际交往能力。

2.3　创新意识如何培养？

创业者应具备的条件中最重要的是创新能力。创业项目的生命力在于创新，而创新很大程度上来自创业者是否具备创新意识，创业者必须时刻保持创新精神，才能将创新要素融入创业项目之中。那么，大学生作为创业者又该如何培养创新意识呢？

1. 打开禁锢的思维

很多时候人的思维受到思维定式的影响，无法突破现有思维，这样很难创新。想要培养创新意识，提高创新思维，首先就需要打开禁锢的思维，不要习惯性地用经验主义去思考问题。遇到问题之后，我们要从多个方面思考，听听周围人的建议，把问题看全面，考虑全面了，创新意识也就慢慢地培养出来了。就像小学生解数学题一样，是否有解法一、解法二……

2. 做生活的有心人

在生活中，我们会发现很多工具都不是完美的，在使用起来不顺手的时候还会各种抱怨，那么当你留心观察这种不完美就不难发现，其实可以做一些简单的改造。比如，我们在学校寝室用的“开门式”蚊帐容易钻进蚊子，能改造一下吗？早课要迟到了，着急去食堂买早餐，豆浆烫得没法喝，能有一种工具或者方法让它迅速降温吗？尝试用“改进发明”培养创新意识，用“扩展发明”培养创造思维。

3. 参加创新创意活动，激发“创新”的兴趣跟欲望

动机是学习的动力，有了强烈的“创新”的兴趣跟欲望，就会主动地去创新。大学里都有各种各样的创新创意活动。不管是社团、团学组织的创新活动，还是学校组织的创新比赛，大学生要踊跃报名，积极参加，从参加的活动中提高自己的创新意识。

4. 掌握一定理论和技术

创新不是空中楼阁，所有的创新都是由一定的理论跟技术支撑的。大学生可选修学校的创新课程或者自主学习一些创新知识。有效的途径主要有四种：

（1）专业训练：在专业教师的帮助下进行专业训练，可以充分利用大学的实验室和科研资源，引导自身对于科学前沿的认识，提高实践动手能力。

（2）参加竞赛：主动参加学校或者教育部门组织的专业相关职业技能竞赛和创新创业大赛，能极大地提高快速学习能力。

（3）素质教育：多参加读书会，借阅专业以外的书籍拓展自己的知识面，今天涉猎的内容可能对以后的创意有潜移默化的作用。

（4）实习培养：积极参加校外兼职活动，锻炼职业技能，了解盈利链的整体运作；参与产业基地或者公司实习，在拓展社会资源的同时弄明白公司的基本运营流程。

课堂讨论

学习了本章内容，如果你打算创业，作为创业者，你觉得自己身上具备了哪些条件和素质呢？如果有不足，你打算如何改进呢？

第3章

商业计划书的撰写

本章内容导学

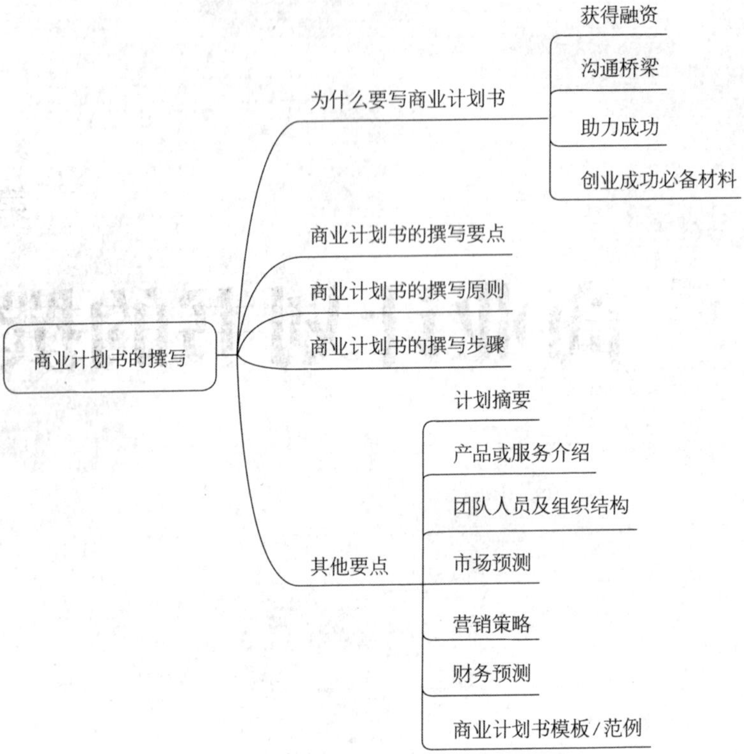

许多创业者都明白，一份好的商业计划书对顺利融资极其重要。但往往很多人不清楚，好的商业计划书对于项目的成功融资，能起到50%以上的决定作用——没有打动人心的商业计划书，你会失去大量和投资人面谈的机会。此后无论你有多么高超的见解、多么流畅的表达，都没机会向投资人面对面展现了。

商业计划书是创业者的第一块“敲门砖”，好的商业计划书会让投资人顿生好感，立刻拿起手机约见项目；而冗长、混乱、无序的商业计划书则会让投资人倍感头大，在内心的默默吐槽中放弃对这个项目进一步的了解……所以，一个好的商业计划书是很多创业者在启动融资时会首先考虑的问题。

创业计划书也叫作商业计划书，是公司、企业或项目单位为了达到招商融资和其他发展目标，根据一定的格式和内容要求而编辑整理的向受众全面展示公司和项目状况、未来发展潜力的书面材料。

案例

凭商业计划书获实习机会

一份小小的商业计划书，从学校借来的3300元，胡乃丹组建起了高中校园里的第一个“小海归便利店”。第一次自己进货，第一次学会讲价，第一次自己买冰柜……她凭着独特的商业眼光，带着一拨儿志同道合的同学，在一年半的时间里，不仅还清了从学校借来的3300元，还盈利10000多元。

向学校借款3300元建校园便利店

对于坚持“女生也能经济独立”理念的胡乃丹来说，商业头脑和商业视角是她最值得骄傲的地方。进入国际实验学校高中部不久，胡乃丹便发现校园中缺少一个很重要的生活站——校园便利店。

以前学校每周还有两次机会让学生出校门采购，但是后来考虑到安全问题就取消了。胡乃丹说，一想到同学们断了补给，自己开办便利店的想法一下就冒出来了，“首要的困难就是没钱，所以我们只好大胆地向学校提出借款申请”。

没想到的是，校长不但没有拒绝胡乃丹和组员的要求，还欣然答应了下来，只是给同学们提出了一个要求：上交一份正式的商业计划书。胡乃丹当时都蒙了，因为她根本不知道商业计划书怎么写，这完全是对大学生提出的要求。

查资料、学写商业计划书、和组员讨论方案可行性、请教经济课老师……带着一份长达9页的全英文商业计划书来到校长面前，做了关于项目可行性的精彩演讲，胡乃丹和组员们也成功拿到了3300元的借款，开始筹备起校园里唯一一家“小海归便利店”。

第一次进货骑电动车跑了10多个批发点

款是批下来了，大家却又犯了愁，谁去进货？“我当时一心想把便利店做好，一有空闲时间就向老师申请出门条，骑着我的电动车往外跑。”胡乃丹说。

找不到批发点，胡乃丹把附近的超市问了个遍。就这样，胡乃丹一个人来来回回跑了10多个批发点，为便利店进了二三十种商品。一开始只是试一试，想看看哪些商品好卖，哪些商品卖不动，因为要考虑资金占用成本、时间成本等一系列复杂的因素。胡乃丹打趣地说：“经过一段时间的经营与账单报表分析，最后发现最好卖的还是速食品，比如橡皮擦就完全卖不动，成本又高，同学们买一块还要用好久。”

就这样，“小海归便利店”的商品种类越来越丰富，胡乃丹的进货成本单也越来越详细。“以前单子上只有成本价、进货数量和卖出价，到后来我就开始计算利润率，哪个商品卖得最多，哪个商品不好卖，等等，这些都可以在电子表格中看出来。”

便利店开办一年多，胡乃丹和组员们不仅还清了学校借给他们的3300元，还盈利10000多元，这些资金一部分用于便利店建设，一部分支持学生社团活动，还有一部分则作为善款捐出去了。

金融机构实习机会源于高中商业计划书

高三阶段，胡乃丹成功地被美国布林茅尔学院录取，学习数学和经济双专业。来到大学的她也没闲着，参加了学校的金融社团。与此同时，她还成功获得了位于美国华盛顿的一家风险投资金融机构的实习机会。“一般美国金融机构都会选择大二年级的同学，但是可能由于我高中就经过了语言过渡期，英语水平还不错，同时又有组建便利店的经历，所以才会在大一就获得实习机会。”胡乃丹说。在面试的时候，面试官还特别看了她高中时的商业计划书和进货成本单，并决定给她实习机会。同时她也获得在上海股权托管交易中心的实习机会。另外，胡乃丹还担任了高中学校的校园文化大使，与美国高中学校洽谈建立交换生基地的事宜。“我现在已经了解了国际教育的好处，我更希望我的学弟学妹们有更多的机会跟国际接轨，如果美国高中学校同意建立交换生基地，那对学弟学妹们的国际教育更是锦上添花。”

（案例来自：网易新闻）

3.1　为什么要写商业计划书

在面临巨大的“创业潮”前，相对的投资人与基金机构总是“狼多肉少”。投资者每天都有堆积如山的商业计划书邮件，使得投资者的时间被压缩，创业者投出的商业计划书能被看到的已是寥寥无几，能够得到回应的更是“凤毛麟角”。每位创业者在坎坷的寻资路上总是踌躇难进。如果无法实现，再好的设想和计划也徒劳。所以，一份好的商业计划书便是创业者的“救命稻草”，这是一个用商业语言和投资者交流的文本工具。

商业计划书是对自己创业项目的梳理，是给投资人看的，更是给自己看的，通过商业计划书梳理自己公司的发展状态、发展战略和资本部署等。好的商业计划书能帮你提炼和梳理创业思路，指导你分析市场和用户，找到好的定位和切入点，明确产品逻辑和业务走向，规划发展路径，搭建团队，定制资金规划。仅有一腔热血而缺乏深度的思考，不太容易成功。将计划落实到纸面上，迫使你检查自己的运作构思是否可行。帮你改正不切实际的想法，降低试错的成本。能够让你加深对核心的记忆，如市场竞争、解决方案等。

商业计划书如此重要，那它在创业的道路上有哪些实实在在的作用呢？

1. 获得融资

商业计划书是找投资人的“敲门砖”，更像是一份情书，其主要作用是递交给风投（VC），目的是让投资人对你产生兴趣。试想一份简历，如果没在5秒钟内引起人力资源（HR）的兴趣，就会被扔到垃圾桶。同理，想在风投堆积如山的商业计划书中脱颖而出，拿到融资，使他们能准确地对项目或者企业作出评估，就必须在商业计划书上下功夫。

2. 沟通桥梁

在任何一个场合，只要你认为适合，商业计划书可以作为一份提纲，帮助你梳理演讲逻辑和思路，提醒演说重点，让你的交流和视野聚焦在重点上。有了商业计划书，更有利于交流，更容易把你的商业构思讲给你的投资人听，讲给你的朋友、你的合伙人、合作伙伴、客户甚至是你的丈母娘听。清晰的思路和逻辑，一定会让你在茫茫人海中闪闪发光，脱颖而出。

3. 助力成功

商业计划书的好坏决定了投资交易的成败，对初创企业和项目来说，商业计划书的作用尤其重要。当你选定了创业目标和项目后，在资金、人脉、市场等各方面都已准备妥当或已累积了相当的实力，这个时候就必须提供一份完整的商业计划书，商业计划书是整个项目的灵魂。

4. 创业成功必备材料

商业计划书的起草与创业本身一样是一个复杂的系统工程，要对行业、市场进行充分的研究，还要有很好的文字功底，对于一个发展中的项目和发展中的企业，专业的商业计划书的编制既是寻找投资的必备材料，也是企业对自身的现状及未来发展战略的全面思索和重新定位。

3.2 商业计划书的撰写要点（附模板格式）

商业计划书是创业者围绕一个具有市场前景的产品或服务，描述创业机会、过程、资源，针对特定的市场、竞争、技术、营销、生产（服务）、团队、管理、财务以及风险、对策等制订的一份完整、具体、深入、可行性和操作性俱佳的书面创业方案。

1. 概述

简要介绍公司及产品（服务）、市场概貌、生产、管理、财务；正确表达创意产生过程和企业发展目标的展望；介绍团队优势。

2. 产品或服务

名称、特征、价值、技术水平、市场接受程度。

3. 市场

市场调查情况的介绍和分析，要科学、严谨、可信。要对用户需求、市场容量、环境及发展趋势进行分析，对公司目标市场、估计数量、销售额及客户进行描述。

4. 竞争

要对现有和潜在（包括替代品）的竞争对象进行分析，合理评估本公司的资源、竞争优势（价格、质量等）和战胜对手的方案，真正做到知己知彼、百战百胜。

5. 营销

要对公司的市场定位、销售渠道、阶段目标以及进度进行描述，说明确定价格的原则和依据，以及品牌建设、促销方式、售后服务的方案，合理分析公司产品的市场占有率，销售收入及盈亏平衡点。

6. 生产（服务）

介绍公司产品的生产方式以及场地、设备、原材料、人力资源，描述产品的生产工艺和质量控制，充分考虑环保、许可证及法律法规方面的要求。

7. 组织

介绍公司的股东结构、出资比例以及合理组建的互补团队，描述公司的管理架构、模式和人员分工，充分考虑公司的激励机制和企业文化。

8. 财务（绩效）

要对固定和变动成本、各种费用、营销收入、盈利能力、现金流量进行分析，编制前2年的资产负债表、损益表和现金流量表，所有数据应基于企业的经营状况和对未来发展的正确估计，并能有效反映公司投入产出的绩效。

9. 风险与对策

市场变化怎么办？资金不足怎么办？政策变化怎么办？团队矛盾怎么办？

10. 附件

市场调查表、专利证书、查新报告、合作协议以及相关的佐证材料。

核心要点：主题明确、结构合理、条理清晰、重点突出、数据科学、内容充分、表述准确。

3.3 商业计划书的撰写原则

1. 目标性

创业的目的不仅是追求企业的发展，而且要有创造利润的可能，要突出经济效益。

2. 完整一致性

运营计划完整陈列，涵盖创业经营的各项功能要素，前后基本假设或预估相互呼应，逻辑合理。

3. 优势竞争性

呈现出资源、经验、产品、市场及经营管理能力的优势。

4. 团队和谐性

展现组建经营团队的思路、人员的互补作用。尽可能突出专家的作用、高管人员的优势、专业人才队伍的水平，明确领军人物。

5. 市场导向性

明确市场导向的观点，明确指出企业的市场机会与竞争威胁，并充分显示对市场现状的掌握与未来发展预测的能力。

6. 客观实际性

一切数字尽量客观、实际，以具体资料为证，并尽量同时分析可能的解决方法。切勿凭主观意愿，高估市场潜力或报酬，低估经营成本。工作安排循序渐进，有条不紊，可操作性强。

3.4 商业计划书的撰写步骤

一份好的商业计划书包括附录在内篇幅一般为40～60页（4万～6万字）。整个商业计划书的编制是个循序渐进的过程，可以分成五个阶段完成。

第一阶段：计划构想。创业计划构想细化，初步提出计划的构想。

第二阶段：市场调查。与行业内的企业和专业人士进行接触，了解整个行业的市场状况，如产品价格、销售渠道、客户分布以及市场发展变化的趋势等因素。可以自行进行一些问卷调查，在必要时也可以求助市场调查公司。

第三阶段：竞争者调查。确定你的潜在竞争对手并分析本行业的竞争方向。诸如，分销问题如何解决、形成战略伙伴的可能性、谁是你的潜在盟友，准备一份1～2页的竞争者调查小结。

第四阶段：财务分析。包括对公司的价值评估，必须保证所有的可能性都考虑到了。财务分析应量化本公司的收入目标和公司战略，要求详细而精确地考虑实现公司战略所需的资金。

第五阶段：商业计划书的撰写与修改。利用所收集到的信息制订公司未来的发展战略。在计划完成以后，把相关的信息按照上面的结构进行调整，完成整个商业计划书的写作。在计划完成以后仍然可以进一步论证计划的可行性，并跟踪信息和市场的变化不断完善整个计划。

3.5 商业计划书编制的其他要点

3.5.1 计划摘要

计划摘要列在商业计划书的最前面，它是商业计划书的精华。计划摘要涵盖计划的要点，要求一目了然，以便读者能在最短的时间内评审计划并做出判断。一般包括以下内容：介绍主要产品和业务范围、市场概貌、营销策略、销售计划、生产管理计划、管理者及组织、财务计划、资金需求状况等。

在介绍企业时，首先，要说明创办新企业的思路、新思想的形成过程以及战略。其次，要交代企业的现状、企业的目标、发展前景和企业的经营范围。在这一部分中，要对企业以往的情况作客观的评述，不回避失误。中肯的分析往往更能赢得信任，从而使人容易认同企业的商业计划书。最后，还要介绍创业者的背景、经历、经验和特长等。创业者的素质对企业的成功往往起关键性的作用。在这里，创业者应尽量突出自己的优点并展示自己强烈的进取精神，给投资者留下一个好印象。

在计划摘要中，企业还必须回答下列问题：如企业所处的行业，企业经营的性质和范围；企业主要产品的内容；企业的市场在哪里，谁是企业的顾客，他们有哪些需求；企业的合伙人、投资人是谁；企业的竞争对手是谁，竞争对手对企业的发展有何影响。构建企业核心竞争力的多个维度优势如下。

（1）不可模仿性：这包括企业品牌、企业信用，也包括企业的各类自主知识产权，还包括产品链优势、产品的优势、客户的信任度等，不能限制在产品和服务的优势上。

（2）不可交易性：项目核心资源不能从市场上获取，在市场上有钱买不到。所有在市场上能得到的资源都不构成企业的核心竞争力。

（3）企业的资源和能力具有互补性：有了互补性，分开就不行，合起来才行，所以员工带走一部分资源没有用。

3.5.2 产品或服务介绍

在进行投资项目评估时，投资人最关心的问题之一就是风险企业的产品、技术或服务能否以及在多大程度上解决现实生活中的问题，或者风险企业的产品（服务）能否帮助顾客节约开支，增加收入。因此，产品介绍是商业计划书中必不可少的一项内容。通常情况下，产品介绍应包括以下内容：产品的概念、性能及特征；主要产品介绍；产品的市场竞争力；产品的研究和开发过程；发展新产品的计划和成本分析；产品的市场前景预测；产品的品牌和专利。

在产品（服务）介绍部分，创业者要对产品（服务）作出详细的说明。说明要准确，要通俗易懂，让不是专业人员的投资者也能明白。产品介绍要附上产品原型、照片或其他介绍。产品介绍通常要回答以下问题：顾客希望企业的产品能解决什么问题，顾客能从企业的产品中获得什么好处；企业的产品与竞争对手的产品相比有哪些优缺点，顾客为什么会选择本企业的产品；企业为自己的产品采取了何种保护措施，企业拥有哪些专利、许可证，或与已申请专利的厂家达成了哪些协议；为什么企业的产品定价可以使企业产生足够的利润，为什么用户会大批量地购买企业的产品；企业采用何种方式去改进产品的质量、性能，企业对发展新产品有哪些计划；等等。产品（服务）介绍的内容比较具体，因而写起来相对容易。虽然夸赞自己的产品是推销所必需的，但应该注意，企业所做的每一项承诺都是“一笔债”，都要努力去兑现。要牢记，创业者和投资者所建立的是一种长期合作的伙伴关系，空口许诺，只能得意一时。如果企业不能兑现承诺，不能偿还债务，企业的信誉必然受到极大的损害。

3.5.3 团队人员及组织结构

有了产品之后，创业者第二步要做的就是组成一支有战斗力的管理队伍。企业管理的好坏，直接决定了企业经营风险的大小。而高素质的管理人员和良好的组织结构则是管理好企业的重要保证。因此，风险投资家会特别注重对管理队伍的评估。

企业的管理人员应该是互补型的，而且要具有团队合作精神。一个企业必须具备负责产品设计与开发、市场营销、生产作业管理、企业理财等方面的专门人才。在商业计划书中，必须对主要管理人员加以描述，介绍他们所具有的能力，他们在本企业的职务和责任、他们的详细经历及背景。此外，还应对公司结构作简要介绍，包括公司的组织机构；各部门的功能与责任；各部门的负责人及主要成员；公司的报酬体系；公司的股东名单，包括认购的股权、比例；公司的董事会成员。

大学生创业，一般情况下创业团队的实力很难比较，所以不需要刻意拉人头充面子，面对这样的商业计划书，投资人会问，如果项目失败了，哪几个会去“跳楼”？只有递交了“投名状”的人才能在商业计划书上介绍。所谓“投名状”，就是掏了真金白银的人或者全职入伙的人。而作为“资源型”的人，只能在商业计划书的“附件”部分做介绍，甚至不用介绍。

团队描述举例：

李××：执行董事长，占股51%，负责公司整体运营（注：项目或公司负责人占股须超过50%，拥有绝对控股权）

工作背景：北京大学MBA，曾任职××公司总经理6年，管理过1500人以上的团队，拥有丰富的企业管理经验，尤其对××行业理解很深（注：填写其相关优秀任职履历）

王××：总经理，占股25%，负责项目技术总策划

工作背景：中国科技大学信息技术学院研究生，曾任职××公司技术负责人5年，技术能力强，任职期间负责开发的××产品现在市场占有率很高

张××：市场部副经理：占股15%，负责项目市场推广

工作背景：清华大学经济管理系博士，曾任职××公司市场总监，任职期间将任职公司年销售额从800万元提高到2200万元，市场渠道丰富

附件：顾问团队

××院士，××专家（注：顾问团队需要匹配自己项目或企业相关领域的专家）

3.5.4 市场预测

当企业要开发一种新产品或向新的市场扩展时，首先就要进行市场预测。如果预测的结果并不乐观，或者预测的可信度让人怀疑，那么投资者就要承

担更大的风险，这对多数风险投资家来说都是不可接受的。市场预测首先要对需求进行预测：市场是否存在对这种产品的需求？需求程度是否可以给企业带来所期望的利益？新的市场规模有多大？需求发展的未来趋向及其状态如何？影响需求的都有哪些因素？其次，市场预测还要包括对市场竞争的情况——企业所面对的竞争格局进行分析：市场中主要的竞争者有哪些？是否存在有利于本企业产品的市场空间？本企业预计的市场占有率是多少？本企业进入市场会引起竞争者怎样的反应，这些反应对企业会有什么影响？等等。在商业计划书中，市场预测应包括以下内容：市场现状综述、竞争厂商概览、目标顾客和目标市场、本企业产品的市场地位、市场区隔和特征，等等。

创业者应牢记的是，市场预测不是凭空想象出来的，对市场错误的认知是企业经营失败的主要原因。

3.5.5 营销策略

营销是企业经营中最富有挑战性的环节，影响营销策略的主要因素：一是消费者的特点；二是产品的特性；三是企业自身的状况；四是市场环境方面的因素。最终影响营销策略的是营销成本和营销效益因素。在商业计划书中，营销策略应包括以下内容：市场机构和营销渠道的选择、营销队伍和管理、促销计划和广告策略、价格决策。对创业企业来说，由于产品和企业的知名度低，很难进入其他企业已经稳定的销售渠道中去。因此，企业不得不暂时采取高成本低效益的营销战略，如上门推销、增强商业广告力度、向批发商和零售商让利，或交给任何愿意经销的企业销售。对企业来说，一方面可以利用原来的销售渠道，另一方面也可以开发新的销售渠道以适应企业的发展。

如果大学生选择现在流行的电商做快速消费品，需要仔细研究你的推广渠道。千万不要想当然地以为做电商的成本就比线下实体店低，实际上现在做电商的成本会比线下做推广还高。如果选择做电商，你就要考虑以下问题：产品适合做电商吗？是自己操盘做电商，还是利用经销商来做电商？我的产品适合淘宝/天猫、京东商城、唯品会、微信等哪种电商平台？如果要做电商，是跟淘宝、京东等现有的平台合作，还是开自营电商网站，抑或兼而有之？线上渠道和线下渠道之间的差价如何摆平？

3.5.6 财务预测

需要花费较多的精力来做财务规划，其中就包括现金流量表、资产负债表以及资产损益表的制订。流动资金是企业的生命线，因此企业在初创或扩张时，对流动资金需要有周详的计划和严格的控制；资产损益表反映的是企业的盈利状况，它是企业在一段时间运作后的经营结果；资产负债表则反映在某一时刻的企业状况，投资者可以用资产负债表中的数据得到的比率指标来衡量企业的经营状况以及可能的投资回报率。

财务规划一般包括以下内容：一是商业计划书的条件假设；二是预计的资产负债表、预计的资产损益表、现金收支分析、资金的来源和使用。

3.5.7 其他注意事项

通常情况下，创业融资用的计划书“七分策划，三分包装”，是技术和艺术的统一体，应尽量精练，突出重点。

编制商业计划书的目的是让投资者了解商业计划，其内容必须紧紧围绕这一主题，开门见山，使投资者在最短时间内了解更多的关于商业计划的内容。如要第一时间让读者知道公司的业务类型，避免在最后一页才提及经营性质；要阐明公司的目标及为达到目标所制订的策略与战术；陈述公司需要多少资金及其用途并给出一个清晰和符合逻辑的让投资者投资的策略。

1. 换位思考

编制商业计划书的一个重要方法就是换位思考，即融资者要设身处地，假设自己是一位战略合伙人或风险投资人，自己最关心的问题是什么，自己判断的标准是什么。就是说，要从读者的角度去制作商业计划书，这样就会弄清楚哪些是重点，应该具体描述，哪些可以简单描述，哪些是不必要的东西，从而获取投资者的青睐。

就此来说，编制商业计划书应避免过于技术性，尽可能用通俗易懂的语言，使读者容易理解。

2. 以充分的调查、数据、信息为基础

市场销售是投资获利的基础，对此，创业者要充分考察市场的现实情况，广泛收集市场现有的产品、现有竞争者、潜在市场、潜在消费者等具体信息，使市场预测建立在扎实的调查、数据之上，否则后面的生产、财务、投资回报预测就都成了空中楼阁。为此，商业计划书中应避免用含糊不清或无事实根据的陈述或结算表。

同时，在收集资料时，一定要做到客观公正，避免只收集对自己有利的信息，而不去收集或者故意忽略对自己不利的信息。一般来说，战略投资者或风险投资家都是一些非常专业的人士，提出的问题会非常尖锐，如果只收集对自己有利的信息，在遇到问题时就会显得欠考虑和准备不充分。

3. 实事求是，适度包装

商业计划书的作用固然重要，但它仍然只是一块“敲门砖”。过度包装是无益的，企业应该在盈利模式打造、现场管理、企业市场开拓、技术研发等方面下硬功夫，否则，即使有了机会也把握不住。

4. 不过分拘泥于格式

商业计划书固然有很多约定俗成的格式，但很多资金供给方在实际运作中正在忽略这种格式，直接关注几个关键点，关注他们想看到的东西。因此，企业在组织、编制商业计划书的过程中，不要过分拘泥于固定的格式，把企业的优势、劣势都告诉别人，才可能是最后的赢家。

课堂讨论

我家门口开了一家早餐店，他们没有做任何商业计划书，业务也经营得蛮好，为什么我们创业就非要写商业计划书，我又不要投资，写这些东西完全是搞形式主义！创业需要的是实干，而不是把时间浪费在写计划书上！

讨论：以上这个说法你同意吗？

附录【商业计划书模板/范例】以中国互联网+大学生创新创业大赛为例

结合项目的名称进行命名

项目计划书

项目名称 + 一句话描述：（例如，粉丝网——打造第一粉丝社群媒体）
建议：1. 项目名称不要直接用公司名字（尤其是对于尚未成立公司的项目）；
2. 一句话描述尽量要体现项目定位和亮点；3. 避免过于技术化的题目

项目名称：________________________________

项目属于服务、互联网、人工智能或者其他领域

项目类型：________________________________

项目负责人：________________________________

目录（黑体三号）

自动生成目录到三级标题，宋体，5号，单倍行距，一级标题段前段后间距0.5行

二级标题、三级标题依次缩进2字符

（目录页无页码，从正文开始编页码）

（正文）

项目名称：项目名称+一句话描述（例：淘宝网——打造第一网络购物网站）

建议：①项目名称不要直接使用公司名称；②用一句话描述，尽量体现项目的定位和亮点；③不要起过于技术化的名称。

一、项目摘要（1000字左右）

（商业计划书摘要是全部计划书的核心，要提炼要点、引人入胜）

- ◆ 项目概念与概貌
- ◆ 市场机遇与前景
- ◆ 项目的产品概述
- ◆ 项目的竞争优势
- ◆ 项目的市场策略
- ◆ 项目营收与盈利
- ◆ 项目的核心团队
- ◆ 项目股权与融资
- ◆ 其他需要着重说明的情况或数据（可以与下文重复，本概要将作为项目摘要由评委浏览）

二、市场分析

- ◆ 商机分析（请通过实例与数字论证）
- ◆ 行业分析，主要包括以下内容：

1. 该行业发展程度如何？
2. 该行业发展现状如何？
3. 该行业的市场容量多大？扩张趋势怎样？
4. 该行业有哪些主要企业？竞争态势如何？

5. 政策因素对该行业的影响程度如何？

6. 经济发展对该行业的影响程度如何？

7. 其他影响该行业的核心因素？

◆ 主要业务与阶段战略

三、产品概况

◆ 关键技术介绍。主要包括以下内容：

1. 产品技术概况介绍

2. 产品技术优势分析：国外研究情况，国内研究情况

3. 产品的名称、原理、特征及性能、用途；★介绍企业的产品或服务及对客户的价值

4. 产品的开发过程，★同样的产品是否还没有在市场上出现？为什么？

5. 产品处于生命周期的哪一阶段

6. 产品的市场前景和竞争力如何

7. 产品的技术改进和更新换代计划及成本，★利润的来源及持续营利的商业模式

◆ 生产经营计划。主要包括以下内容：（非生产制造类项目可忽略此处内容）

1. 产品的生产经营计划：生产产品的原料如何采购、供应商的有关情况，劳动力和雇员的情况，生产资金的安排以及厂房、土地等

2. 企业的生产技术能力

3. 品质控制和质量改进能力

4. 将要购置的生产设备

5. 生产工艺流程

四、市场营销

◆ 介绍企业所针对的市场、营销战略、竞争环境、竞争优势与不足，主要介绍产品的销售金额、增长率和产品或服务所拥有的核心技术、拟投资的核心产品的总需求等

◆ 目标市场，应解决以下问题：

1. 你的细分市场是什么？

2. 你的目标顾客群是哪些人？

3. 你拥有多大的市场？你的目标市场份额为多大？

◆ 竞争分析，要回答如下问题：

1. 你的主要竞争对手是谁？

2. 你的竞争对手所占的市场份额和市场策略是什么？

3. 你的市场策略是什么？

4. 在竞争中你的发展、市场和地理位置的优势是什么？

5. 产品的价格、性能、质量在市场竞争中所具备的优势是什么？

◆ 市场营销，你的市场营销策略应该说明以下问题：

1. 营销渠道的选择和营销网络的建设

2. 广告策略和促销策略

3. 价格策略

4. 市场渗透与开拓计划

5. 市场营销中意外情况的应急对策

五、创业团队

◆ 全面介绍企业或项目管理团队情况，主要包括：

1. 企业的管理机构，主要股东、董事、关键的雇员、薪金、股票期权、劳工协议、奖惩制度及各部门的构成等情况都要以明晰的形式展示出来（未注册企业的项目可忽略此处内容）

2. 要展示你的企业或项目管理团队的战斗力和独特性以及与众不同的凝聚力和团结战斗精神

◆ 列出企业或项目团队的关键人物（含创建者、部门经理和主要雇员等）

关键人物撰写内容模板

<table>
<tr><td>姓　名</td><td colspan="3"></td></tr>
<tr><td>角　色</td><td colspan="3"></td></tr>
<tr><td>专业职称</td><td colspan="3"></td></tr>
<tr><td>任　务</td><td colspan="3"></td></tr>
<tr><td>专　长</td><td colspan="3"></td></tr>
<tr><td colspan="4">主要经历</td></tr>
<tr><td>时　间</td><td>单　位</td><td>职　务</td><td>业　绩</td></tr>
<tr><td></td><td></td><td></td><td></td></tr>
<tr><td></td><td></td><td></td><td></td></tr>
<tr><td></td><td></td><td></td><td></td></tr>
<tr><td></td><td></td><td></td><td></td></tr>
<tr><td colspan="4">所受教育</td></tr>
<tr><td>时　间</td><td>学　校</td><td>专　业</td><td>学　历</td></tr>
<tr><td></td><td></td><td></td><td></td></tr>
<tr><td></td><td></td><td></td><td></td></tr>
<tr><td></td><td></td><td></td><td></td></tr>
</table>

◆ 企业或项目团队共有多少名全职员工？

◆ 企业或项目团队共有多少名兼职员工？

◆ 尚未有合适人选的关键职位

◆ 管理团队的优势与不足之处

◆ 人才战略与激励制度

◆ 顾问团队：公司或项目团队聘请的法律顾问、投资顾问、会计师事务所等中介机构名称

六、财务预测

◆ 财务分析包括以下三方面的内容：

1. 过去1～3年的历史数据（创意组项目不需提供。主要提供过去1～3年的现金流量表、资产负债表、资产损益表以及年度的财务总结报告书）；今后1～3年的发展预测。

2. 投资计划

（1）预计的风险投资数额

（2）投资收益和再投资的安排

（3）风险投资者投资后双方股权的比例安排

（4）投资资金的收支安排及财务报告编制

（5）投资者介入公司经营管理的程度

3. 融资需求

创业所需要的资金额、团队出资情况、资金需求计划、为实现公司或项目发展计划所需要的资金额、资金需求的时间性、资金用途（详细说明资金用途，并列表说明）

融资方案：公司或项目所希望的投资人及所占股份的说明，资金其他来源，如银行贷款等

◆ 完成研发所需投入

◆ 达到盈亏平衡所需投入

◆ 达到盈亏平衡的时间

项目实施的计划进度及相应的资金配置、进度表。

◆ 投资与收益

（单位：万元）	第一年	第二年	第三年
年收入			
销售成本			
运营成本			
净收入			
实际投资			
资本支出			
年终现金余额			

◆ 简述本期风险投资的数额、退出策略、预计回报数额和时间表

七、资本结构

迄今为止有多少资金投入企业或项目？	
您目前正在筹集多少资金？	
假如筹集成功，企业可持续经营多久？	
下一轮投资打算筹集多少资金？	
企业可以向投资人提供的权益有	□股权□可转换债□普通债权□不确定

◆ 目前资本结构表

股东成分	已投入资金	股权比例

◆ 本期资金到位后的资本结构表

股东成分	投入资金	股权比例

◆ 请说明你们希望寻求什么样的投资者?（包括投资者对行业的了解，资金上、管理上的支持程度等）

八、投资者退出方式

◆ 股票上市：依照本创业计划的分析，对公司上市的可能性作出分析，对上市的前提条件作出说明

◆ 股权转让：投资商可以通过股权转让的方式收回投资

◆ 股权回购：依照本创业计划的分析，公司实施的股权回购计划应向投资者说明

◆ 利润分红：投资商可以通过公司利润分红达到收回投资的目的，按照本创业计划的分析，公司对实施股权利润分红计划应向投资者说明

九、风险分析

◆ 企业面临的风险及对策

详细说明项目实施过程中可能遇到的风险，提出有效的风险控制和防范手段，包括技术风险、市场风险、管理风险、财务风险及其他不可预见的风险

十、其他说明

◆ 媒体关于产品项目或者企业的报道；公司产品的样品、图片说明；有关公司及产品的其他资料（专利证书、营业执照复印件、相关佐证材料）

第4章

你的项目靠谱吗?

本章内容导学

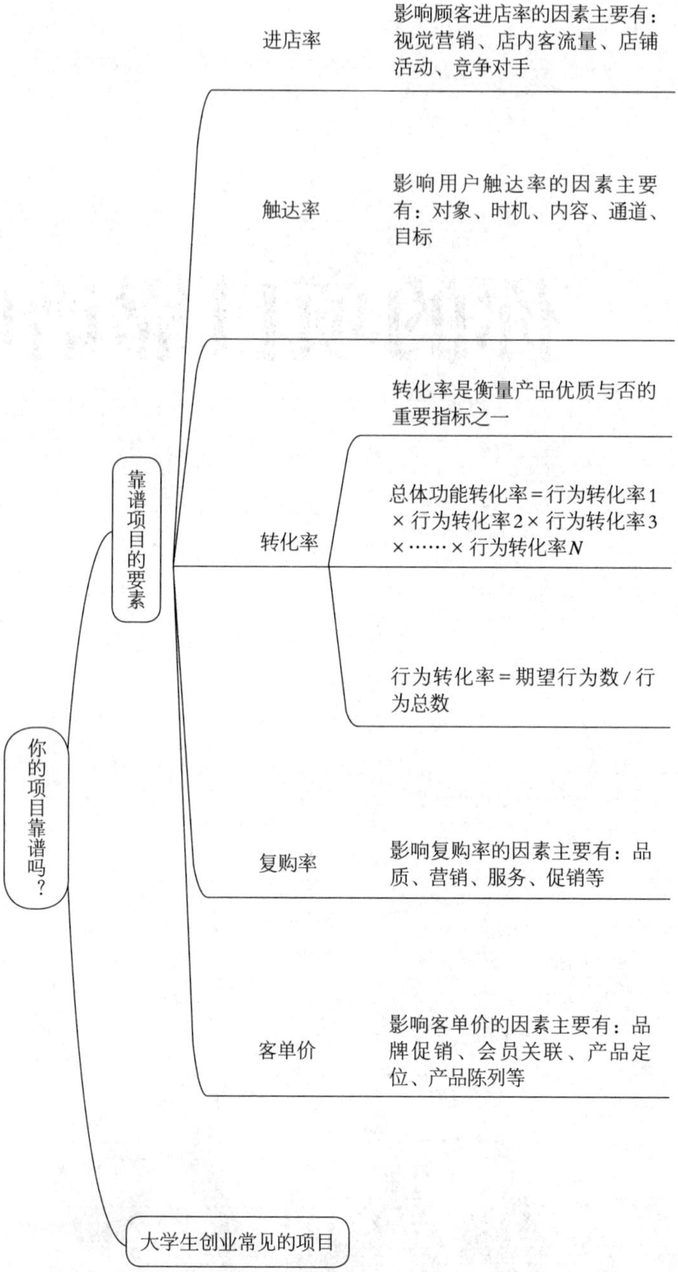
你的项目靠谱吗？
靠谱项目的要素
进店率
影响顾客进店率的因素主要有：视觉营销、店内客流量、店铺活动、竞争对手
触达率
影响用户触达率的因素主要有：对象、时机、内容、通道、目标
转化率
转化率是衡量产品优质与否的重要指标之一
总体功能转化率＝行为转化率1×行为转化率2×行为转化率3×……×行为转化率N
行为转化率＝期望行为数/行为总数
复购率
影响复购率的因素主要有：品质、营销、服务、促销等
客单价
影响客单价的因素主要有：品牌促销、会员关联、产品定位、产品陈列等
大学生创业常见的项目

4.1　靠谱项目的要素

案例

花西子案例分析

当前美妆营销已经突破了单纯购买或“种草”的场景限制，用户可以随时完成“种草”与购买的行为，传递到品牌营销端，如何动态捕捉消费需求，如何了解并满足消费者，成为营销的关键。

当人们打招呼的方式，从原来的“吃了吗”变为“看××直播了吗”，尤其是美妆类内容，已经成为当代年轻人茶余饭后的谈资，关于美的内容也已成为大众生活的重要组成。

但是，美妆品牌的营销环境却并不美丽。美妆品牌之间的竞争一直很激烈，稍有不慎便会被拍在沙滩上。在对用户的争夺中，美妆品牌从不吝于创新，以把握消费潮流，跑马圈地。随着新消费群体的快速崛起，在直播等新媒介形态助力下，以“东方彩妆”入局赛道的花西子，仅用四年时间，就成为国产彩妆第一品牌，2021年交易总额突破54亿元。

花西子作为纯线上品牌，在没有线下门店加持的情况下，不仅销售额逐年上升，还成功塑造了国产第一彩妆的品牌形象。花西子是如何依靠产品定位、全渠道营销策略，精准收获有品质的年轻消费人群的？

（摘自：https://zhuanlan.zhihu.com/p/488360877）

【一】定位：选对赛道，品牌就成功了一半

一个品牌是否能做大做强，有一半是由最初的品牌定位来决定的。2017年，正是国货市场复兴的时候，国潮的定位符合未来的流行趋势。

当时国内的彩妆市场，还没有做得特别好的国产品牌，排名前20的国产彩妆品牌加起来的市场占有率不超过8%。市场有足够的空间，国风审美兴起，加之人们对天然成分的追求，让花西子果断将产品定位在了“东方彩妆、以花养妆”这个领域。

1. 产品差异化

确定市场定位后，该用什么产品打开市场呢，花西子的团队选择了力推散粉。这个产品的选择证明团队是做足了市场调研功课的，当时线上彩妆领域，完美日记主攻口红，橘朵则力推眼影和腮红。在这样的市场结构中，选择散粉作为主推产品，可以避开同行业竞争的焦点，在产品上构成差异化。

散粉的产品特性也更有利于花西子来讲品牌故事，贴合品牌的文化内涵，传递品牌的价值。

2. 定价艺术

新产品的定价也是一门艺术，花西子之前，国产散粉走的就是国际大牌的平替路线，定价在150元以内；国际大牌的散粉定价基本在300元以上。花西子将价格定在了150～300元的空白地带，坚定地走国产彩妆品牌路线。

创业者说

在准备做一个新品牌或者推新产品时，一定要做好市场调研，好的定位就如同品牌天生的优良基因，能让品牌赢在起跑线上。

【二】营销：深耕内容，将公域流量和私域流量运用到极致

花西子和完美日记一样，是网络营销时代的经典案例，靠纯线上布局做起来的品牌，有一套完整的线上营销策略，值得大家参考。

1. 公域流量布局法则

依靠头部KOL打响品牌名声，多平台布局内容“种草”，扩大品牌声量。深度捆绑头部KOL，花西子打响品牌名声的第一炮是在头部主播李佳琦的直播间，不同于其他品牌进直播间都是“给产品、给库存、给低价”三板斧操作。花西子另辟蹊径，从展示环节和直播内容上下功夫，依靠顶流主播的影响力，将品牌的产品内核、文化故事传递出去，这是花西子打造的直播“带品牌模式”。

2. 多平台布局内容搜索营销

通过李佳琦走红的花西子，并不只将宝押在头部KOL上，还进行了非常

精细的全渠道营销布局。花西子抓住“种草”经济的风口，在小红书、微博、抖音、B站等年轻人聚集的社交平台布局内容搜索营销，再将流量转入电商直播间，链接产品体验，最后导入旗舰店完成交易。花西子在多个平台进行内容营销的时候，从头部KOL和腰尾部KOL、KOC全面布局。

创业者说

头部KOL主要从制造话题、专业测评、美妆教程等方面引爆“种草”，提高品牌的认可度和可信度。腰尾部KOL和“素人种草”主要是扩大头部KOL传递出的品牌影响力，持续放大品牌声量，引发长尾效应。

3. 品牌布局线上营销的平台选择

抖音和淘宝上的带货主播是最合适的头部KOL选择，流量大、传播面广。腰部KOL的最好选择在小红书，因为小红书的“种草”属性最强，腰部KOL分享的“种草”内容更容易被平台用户接受，小红书的“素人种草”笔记也是品牌需要布局的环节，可提高流量转化率。尾部KOL的最好选择是在微博，可以进行活动策划，扩大品牌声量。

4. 品牌布局搜索营销的关键词选择

品牌布局内容营销，还需要注意的就是关键词的搜索投放，除了品类词投放，还需要加入行业词、产品功能等尽可能多的关键词投放，增加被搜索到的概率，最大限度地利用公域流量，增加品牌曝光度。

花西子在布局了完整的线上营销体系后，一直在做的一件事就是坚持品牌自播，仅抖音平台花西子就布局了7个官方直播账号。

这样做的目的有两个，一是帮助用户展示产品体验，二是运营私域流量。线上营销做得好的品牌，都很擅长做私域流量，这也是很多传统品牌的软肋：如何做活私域流量？

5. 私域流量运营法则

私域流量就是将通过全平台营销吸引过来的流量转入自己的流量池，做活私域流量有哪些好处呢？

在销售界有一个流量转化的黄金公式：**销量=用户数×转化率×客单价×复购率**。在品牌自己的流量池里，可以免费、多次、随时触达用户，从而让影响销量的这四个因素显著提高。在全平台布局营销的目的就是扩大品牌声量和转化私域流量，但花大价钱转化过来的私域流量还必须得会运营，才能留住这些流量。

6. 私域流量运营套路

（1）打造一个人格IP

花西子有一个人格IP叫花小西，主要运营企业微信和个人微信，其主要功能就是做好产品客服和维系粉丝关系。

（2）与粉丝互动

花小西会邀请流量转化过来的用户提供淘宝ID注册体验官，提供新产品试用体验服务，长期为粉丝送福利，做粉丝维系。

根据花西子的官方数据，截至目前，花西子在全国已经累积了28万体验官，这些用户就是花西子新品的关键意见消费者，可以影响自己的家人、朋友、粉丝，产生消费行为。

除此之外，花西子还在视频号与粉丝分享化妆技巧、产品介绍、品牌广告等；在公众号发布产品的文化理念、品牌故事、品牌的最新活动等，通过多个渠道维系粉丝，加强互动。

（3）充分利用微信公众号的功能

作为私域最大的流量池，微信公众号不应该只是做内容展示平台，它应该具有品牌官方网站的功能，发挥会员注册、品牌推广活动、售后、粉丝活动等作用，还要具备交易功能，方便用户在活动驱使下直接完成下单购买行为。

创业者说

品牌线上营销的思路就是先用头部KOL打出品牌名气，然后全渠道布局内容生态下的搜索营销，最大限度地扩大品牌声量，再做活私域流量，维护好用户忠诚度。其中要学会利用每个平台的免费流量，增加内容营销的真实性。涉及具体玩法时，还需要根据品牌的特点来定制细致的营销模式。

（https：//zhuanlan.zhihu.com/p/488360877）

案例分析

花西子总的品牌营销理念就是营销式运营，在布局全渠道营销的同时，做好产品运营。其中非常重要的经验就是，在运营过程中，要学会分析流量转化率、客单价、复购率等每个板块的数据，做好查漏补缺，最大限度地利用营销得来的流量。

4.1.1　进店率

进店率是指单位时间内进入店铺的客流量与经过店铺门口的客流量的比例。客流量指单位时间内进入某个场所的人数，是反映该场所人气和价值的重要指标。

门店的进店率决定了商品的成交率，通常也是很多店主最头疼的问题。很多时候眼睁睁看着很多客户从自己店前走过就是不进来，有时真想到街上拉几个进来。同样在一条街上，同样是内衣店，同样拥有充满活力的“80后”“90后”员工，同样的折扣力度，为什么顾客没有进你的店？

其实进店率与店铺所处的地理位置、店铺知名度、时间段、节假日、店铺活动、店内客流量等有关，为成交提供可能。在实际的操作中，需要分析一些具体的情况，找出影响的原因来做有针对性的调整。

影响顾客的进店率主要有以下四个关键因素。

1. 视觉营销

视觉营销是提高进店率的关键，因此店铺可以通过装修、色彩搭配等来吸引客户的眼球和引发信任感，以此来吸引客流量。

我们很容易发现乡村基、肯德基、麦当劳这一类的快餐店店面的色调基本都是暖色调，为什么呢？研究表明，红色、黄色之类的暖色调不仅能够让人的饥饿感和食欲大大提升，还能让用户在进食的时候感到幸福。所以红色、橙色、黄色这样的暖色调就成为快餐连锁店的主要选择。另外，淘宝、天猫、京东的网站也是主打红橙色调的，这又是为什么呢？因为红色、橙色、黄色这一类颜色会给人一种廉价的感觉，当你的视觉世界里充斥着满满的红色和橙色，你的潜意识会觉得好便宜啊！快买！不买就吃亏了！

当当网一开始是在线卖书的平台，那时的当当Logo是深绿色的背景。后来当当转型成了线上百货销售平台，Logo 的背景颜色也从深绿色变成了红色。为什么一开始当当Logo是深绿色的背景呢？研究表明，深绿色调会让人感觉可靠，让人心灵感到平静。当当一开始使用深绿色的背景作Logo，是希望读者能够信任他们。再看看支付宝和微信支付的理财通，还有旅游类App 的携程、去哪儿、穷游，是不是清一色的蓝色或者绿色？因为这样的颜色会让消费者有安全感。

单一的颜色会给人带来不同的感受，那么不同颜色的组合又会给人带来什么感受呢？宜家和优衣库告诉我们，不同颜色的组合反而会刺激人们的购买欲。当优衣库同一款衣服推出不同的颜色后，你的想法就会从“我要不要买这件衣服？”变成“我要买这件衣服的什么颜色呢？”改变了顾客的想法，从而提高了衣服的销售率。

在这个高速发展的时代，以最快方式告诉所有人“你是卖什么的”真的太重要了。因为消费者没有时间去“细细品味”你，他们要的是3秒钟快速判断出你的“定位”，随后作出选择。可以综合利用招牌设计、橱窗或者海报、音频，让路过你店前的人，3秒内知道你是做什么的，勾起他的兴趣和需求。

2. 店内客流量

店铺客流量越高，客户的进店率越高。有一个有趣的现象：当你路过两家饭店，一家需要排队，一家则有很多空位，你会选哪个？自然是第一家。可是你并不知道这两家饭店到底哪个好啊，为什么会这样选择？因为人们往往相信忙碌的店铺饭菜质量肯定差不了，这就叫作“从众效应”（指个体受到群体的影响而怀疑、改变自己的观点、判断和行为等，以和他人保持一致，也就是通常人们所说的“随大流”）。

店铺越没人，你越要营造热闹的氛围，比如导购试穿和销售演练、在前场调整陈列和橱窗、多走动、搞卫生……而不是玩手机、发呆、抱怨怎么没人……

3. 店铺活动

店铺的经营免不了的一个环节便是及时宣传促销，给客户一个进店的理由。

可以在门口放广告牌，贴上店内的活动宣传以吸引路人光临，也可以在门口贴上现在的特价品、新品、赠品等的照片，虽然这都是非常传统的方式，却非常实用，适时的促销活动也能给你的店带来不少的顾客。

4. 比竞争对手好一点

客户面临几个选择，就看谁更好一点。其实一开业就人气很旺的门店不多，门店的人气也需要日积月累，你的门店不需要做到全国最好，只要做到在你所在的区域市场内最好就可以了。而且每个店基本都会面临竞争，很多时候，假如你没有方向，不妨研究一下竞争对手。

可以说，现在每家门店周围都遍布竞争对手，你的门店只需要服务比对手好一点点，产品比对手全一点点，店员销售技巧比对手强一点点，这所有的“一点点”聚少成多，你的门店就变成了这个区域内综合实力的第一，争取到了更多客户的选择。

4.1.2 触达率

触达率是特定时间内，个别用户人数与总体目标人数的百分比。有效触达率是指无重复触达量，即不同的人，接触同一产品。可以通过用户注册数据、广告频次控制、跨屏身份识别等方法，来提高触达率。实现精准触达需对合适的对象，在合适的时机，用合适的方式发送合适的消息，达成可归因的目标。

影响用户触达率主要有以下五个因素。

1. 对象

考虑触达的用户是谁，用户画像是怎样的。

常见的做法，第一个是依赖大数据，或者是与第三方合作、采购等，然后自己做应用类大数据的用户画像。第二个是应用类精准画像的制作，可以利用不同规则，做数据埋点。最终需要沉淀成用户分群，用户分群是圈定目标人群的最佳手段。结合预测算法，可以圈定潜在目标人群。结合历史点击率、历史送达率可以辅助决策。

2. 时机

我们触达的时机是什么时候，也就是在什么时机什么情景下去触达。

一种方式是传递用户所需，发起及时互动。比如，一个女性用户正在搜索眼霜，我们就可以知道她的偏好是美妆护肤，同时也能知道她大概的年龄，这样我们就可以发一条相关的商品推送。这是电商里比较常见的一种寻找合适时机的方案。

另外两种方式是场景助攻转化以及优惠刺激转化。在O2O场景下，客户有自己的线下门店，他们会要求一种场景，圈定地理目标，比如，距离门店500米左右，触发消息发送。做合适时机的判断，是为了促进转化，刺激转化。

3. 内容

基于第一点和第二点，思考用户需要和感兴趣的内容是什么，为他们提供相应的内容。

4. 通道

随着运营阵地越来越分散，如何选择一个合适通道成了一个难题。目前已有App Push、微信公众号、微信小程序、短信等通道。当我们需要实施运营计划时，需要考虑本次触达需要哪些通道，最优触达顺序是什么，是否需要补发等问题。

例如，在发送一条必达消息时，为了节省成本，可以先选择App Push，如果用户没有点击或者没有收到，可以选择几分钟内发送短信，这样既节省了成本，也可以保证消息必达。以App Push为例，有很多二级的子频道，像vivo、华为等，都有自己的厂商通道。但不同的厂商通道有不同的配置限制，比如vivo，它是国内主流厂商限制最严格的，它每天允许发送的运营类消息配额是有限的，超过配额就会报错。

在实际运营中，因为厂商通道的限制，会有很多消息在厂商通道就被拦截，导致无法推送给用户。正常来说，厂商通道的送达率应该在90%以上，但是很多时候厂商通道的送达率只有50%～60%。当vivo的通道配额满了的时候，可以做个预警，弄个智能路由，用极光通道或者第三方通道进行消息的下发。这样既能保证消息不会丢失，又能保证最大的送达率。

5. 目标

分析用户触达的最终可量化的直接目标，做好数据归因，实现用户触达目标。

我们做目标时，一定保证是可归因的直接目标。比如，我们在推送优惠券消息时，只要设定一个目标：优惠券是否被领取。这个就是我们触达的最直接的目标。而不可归因的目标有产品的GMV、转化率的销售额等，它们并不是这次触达的最直接目标，而是长期的核心目标。

4.1.3 转化率

转化率是指产品中单一交互行为和总体功能的比例，使用后与使用前的用户数量之比。我们通常称前者为行为转化率，称后者为总体功能转化率。转化率是衡量产品优质与否的重要指标之一。

行为转化率＝期望行为数／行为总数

总体功能转化率＝行为转化率1×行为转化率2×行为转化率3×……×行为转化率*N*

期望行为是希望考量目标做到的行为，因为总人数在一定范围是固定的，所以我们就要想尽办法提高期望行为人数，来提高转化率。影响转化率最直接的因素是你所提供的产品或者服务，在目标消费者那里是否属于刚需。信息传递的精准程度，对转化率有很大影响。

高转化率需要具备以下六个要素。

1. 受众明确

做好访客分析，前期一定要做人群画像，着陆页面向的用户人群是什么样的，我们需要配以适合的文案、图片，要确保受众人群跟着陆页特性高度符合。

2. 简洁高效

着陆页要简洁高效，不要太贪心，什么都说就是什么都没说。页面上不要放过多杂乱无章的东西，即使你推广多个产品，一个页面最多罗列2～3个卖点。

3. 内容相关

关键词与着陆页相关，着陆页与访客需求相关，着陆页的内容一定要跟转化目标相一致。

4. 速度快

速度一定要快，现在用户浏览时普遍在5秒以内，超过5秒打不开可能就关掉了。一旦网页打开速度太慢，预算也花了，但是网页打不开，后面的咨询、转化、成交就无从谈起了。所以高转化率着陆页速度是第一，也是最重要的一个环节，不要让用户等。可以用站长工具去测速，压缩网站图片，选择好的服务器等。

5. 重视交互体验

着陆页咨询按钮要明确，联系方式要明显。每一个转化路径都要有转化按钮，起码保证每一屏都有。

6. 效果分析靠数据

要注重着陆页的数据分析，没有人能当着陆页的裁判，但数据工具可以。这时我们可以借助“百度热力图”，热力图可以很好地显示出用户点击量高的地方，我们可以根据热力图来判断访客的需求，了解哪个地方的人更多，网民更关心哪一点，然后根据这些网民高频率点击的地方进行合理的按钮设置，提高转化率。

4.1.4　复购率

复购率即购买频次，全称是“重复购买率”。也就是说购买该产品或服务两次及以上的人数占购买该产品或服务总人数的比例。重复购买率越高，代表该产品受众越稳定，成本越小，收益越大。获取一个新客户的成本，是维护老客户成本的5倍。新客户所带来的利润是老客户的1/10。

影响复购率的因素主要有品质、营销、服务、促销等。据统计，当消费者产生二次购买后，三次、四次购买便水到渠成。这也是耐用品与快消品的差别。

提升复购率主要有以下四种方法。

1．品质保证

任何形式的商品售卖，到了售后环节都是要考验产品品质的。在这点上，从用户角度看很简单，你卖的东西好，用户满意，可能下次有需求时还会继续在你店里买，若不好，不仅下次不会来了，还可能会退货，所以一定要保证产品质量。

2．营销策略

商品被哪一个群体所需要？被需要的周期是多久？这些都需要卖家通过品类特性和店铺本身的复购数据进行分析。例如，商品的标类是豆浆机或打印机，可以根据豆浆机/打印纸的损耗周期定期给用户推送解决方案，这是与其他非标类商品不同的地方。

3．服务保障

每一个店铺都应该有自己的服务标准，这也是很多门店最容易忽视的一点，有很多的单子都是因为服务不好，导致客户买过后就再也不想复购产品了。不论是奢侈品店的店员歧视，还是普通店的店员服务态度，都会对你的产品品牌造成极大的影响，更是影响产品复购的主要因素之一。线上门店更是如此，客服服务态度差，也会影响你的产品复购，并且你的销量也会打折扣。

比如，现在去买房子有专车接送看房，买车会有提供午餐和饮品零食服务，产品问题也会有专门的营业员给你提供一对一介绍服务，这都是增加客户好感度、提升客户体验服务的关键。

4. 合理利用一码一券

当你在外就餐，餐桌上会贴有二维码或者小程序，而你去服务台点餐，柜台的服务员也会引导你扫码。是不是你进到这个地方以后，已经进入商家布下的天罗地网了？这就是一码——二维码。

当你进入购物社群，天天给你推福利，推优惠券，让你扫码给你送礼物，送礼物给你看似是亏损了，但商家却是赚了。其实，消费者并不是喜欢占便宜，而是喜欢占便宜的感觉，让自己更有成就感。在这方面，优惠券绝对是利器。例如：2件款式和价格一样的商品，区别在于可否使用优惠券，消费者会买哪个？所以，一定要合理地运用好优惠券，一般来说，优惠券能将转化率拉升30%，从而提升店铺销售额。

创业者说

送出去的礼物是获客成本，如果你拿到一个非常优质的客户，高净值的用户，送礼物的获客成本又算什么呢？

有人为了与巴菲特共进午餐，花了400万元人民币，你觉得你愿意花这个获客成本吗？这个人叫段永平，在这顿午餐的交谈中获得了更多投资机会，项目获得的利润是一顿午餐花费的数倍。

为什么一些高端商学院学费那么高？因为它不仅是学习，还能够去结交一群高质量的人。比如，你读中欧国际工商学院，花70万元，然后你们班上有70个同学，平均获客成本是多少？平均获客成本是1万元，对吗？而且它不只获客，还获得100个人脉，你这么一算账，就会觉得很值。例如私董会，你看起来是花了几万元，私董会里面有100个人，你把它除以100，平均每个人就是几百块元获客成本，这就是大家要加入高端圈子的一个原因。

4.1.5　客单价

在项目运作中，最为直观的就是产品或者服务的价格。客单价指单位时间内消费者购买该产品或服务的平均交易金额。客单价作为衡量门店销售的核心指标之一，在客流量相近的情况下，要提升销售，最直接、最有效的方法就是提升客单价。影响客单价的主要因素有品牌促销、会员关联、产品定位、产品陈列等。

1．品牌促销

最常见的做法就是第二件半价、买几送一、加钱换购或者降价促销等。这种优惠手段能有效地刺激消费者的购买欲，买得越多，享受的优惠就越多，消费者购买的件数就会增加，所以我们才多买了几件本来可有可无的产品。这样的方式能有效地提高店铺的客单价，还能提高店铺里其他款式的销量，达到两全其美的效果。

既然客单价是顾客购物篮内的商品数量与商品单价的乘积之累计，那么，通过促销活动促成顾客购买本不想买的东西，或者想买的东西多买，这就是促销活动对提升客单价的作用。门店促销对于提升客单价的帮助非常明显。

2．会员关联

主要有会员等级和会员积分两种形式。

不同等级的会员选择的商品是不一样的，利用会员管理信息系统中的会员信息，对会员的购物单进行分析，寻找那些关联关系比较强的品类或者关联关系比较紧密的单品，有意识地调整陈列，必要时采取复合陈列，并在做促销时有意识地做关联促销，以强化顾客的组合消费行为。

在顾客购买产品的时候，精明的销售人员会有意识地提醒顾客当前的积分是多少，以及可以兑换哪些商品，大部分顾客都会重视这种潜在的价值回馈，为了能兑换到理想的商品，他们很乐意凑够积分，前提是门店中要有充足的可兑换的商品。

3. 产品定位

在同一个商场，不同品牌的定位价格会不一样，最终的客单价也会不一样，某商场的A品牌一套护肤五件套大概在3800元，B品牌的价格却只有1280元，我们平时虽然看到B品牌的销售数量比A品牌多，但到最后营业结束时却看到了不一样的结果，就是A品牌的营业额比B品牌高出了接近10000元。

4. 产品陈列

我们都知道陈列有三个阶段，初级阶段是摆整齐，中级阶段是摆好看，高级阶段是摆好卖。产品的陈列对于客单价的影响同样也是不可忽视的。不管门店是大还是小，相对于顾客在门店内所待的时间来说，这些商品总是“过剩”的，因此，要想让合适的商品吸引到顾客足够的关注，就需要在陈列上下功夫。

比如，可以通过特殊的位置陈列重点产品，最大限度地刺激顾客的消费欲望，比如促销台、端头、收银台、赠品区等黄金位置都是陈列特殊产品的最佳位置。或者将有关婴儿的食品、衣服、玩具、纸尿裤与啤酒等陈列在一起，可以“触景生情”产生许多冲动性消费。

投资人说

徐新：好生意就是消费垄断

好生意的定义是什么？好生意就是消费垄断。因为有了垄断，有了高利润就可以做研发、做创意、做良性循环。

产品的品牌护城河在哪里？

中国还是有很多品类的机会，很多伟大的公司诞生在“冬天”，因为那个时候不是靠资本的热，不是靠广告，而是靠产品本身很好。所以要抓住品类的机会先做，然后把价格定对，有个很好的持续策划，要做品牌关键是靠创始人，他有没有工匠的这颗心扎扎实实地做一个非常好的产品。

现在大公司也没有流量，宝洁那么有钱，欧莱雅这么有钱，娃哈哈也有钱，他们打广告也没有效果，因为消费者已经不看电视广告了，人家看网上的评论，要看内容。

投资人简介：徐新，重庆人，毕业于南京大学外语系，曾在中国银行、霸菱投资集团工作，2005年创办今日资本集团。曾投资网易、携程、土豆网、唯品会、京东商城、美团、大众点评、赶集网等。

（改编自钛媒体https://www.tmtpost.com/new）

4.2　大学生创业常见的项目

案例

钱俊东从贫困生到创业者

2000年，钱俊东还是长安大学交不上学费的贫困生，三年后即创办西安三人行信息通讯有限公司（西安第一家在校本科生全资创业公司），资产逾50万元。如今公司拥有六家主营通信电子类产品的全资店面，持股西安深科数码喷绘有限公司、西安永乐彩印厂等，员工16人，200多名兼职都是在校大学生，员工的平均年龄不到22岁。

1999年，钱俊东高考失败，2000年，考取长安大学公路学院。到校第三天，钱俊东就遇上"商机"。有位师哥到寝室推销随身听，说80元一部。钱俊东故意说："老兄，我也卖这个，60元差不多了！"师哥急了："你不也在康复路和轻工进货吗？干吗要砸价呢？"正说着，室友回来了，一人买了部随身听。

假期，钱俊东都不在西安，边走边看边打工。钱不够，就买站票。寒假他在北京，缩着脖子看童谣里的天安门；暑假去深圳，22天挣了800元，但那地儿剪发太贵，离开前他头上像顶着"锅盖"；国庆去了重庆；元旦又在无锡……什么都干，做推销、做策划，甚至无偿为大公司进行市场调查，一点点的心得写到日记里："进行业务谈判时，言谈举止要大方得体；管理企业时，注重培养团队精神……"

在很多大学生沉溺于CS的战火纷飞与QQ的眉来眼去中时，钱俊东却在获取社会经验，并在实践中确信自我："虽然学的是公路专业，但喜欢结交朋友，喜欢冒险，崇尚超奋斗、超挑战的工作，更适合经商……时机合适，我就自己创业！"

不怕是"贫困生"，就怕贫困一生。

回到西安，他边思索边在宿舍划拉"处方笺"，大学生创业要点：1.不一定在高科技领域。2.创业不等于做老板，业务员、司机都得做。3.均分股份最易散伙。4.不能耽误学习，宁可毕业后再创业。

之后，钱俊东找来同学崔蕾和马光伟（后来由张建涛取代），谈到对校园市场的开发设想，一拍即合，决定成立"三人行校园信息服务中心"，并租借房子，招聘兼职大学生，开展介绍家教、校园活动策划等业务。

钱俊东信心大增，看电视也能看出"新商机"：上海APEC峰会期间，各国元首都穿唐装。西安曾是盛唐古都，唐装流行势在必行，丝绸肯定走俏！钱俊东又与同事商议：去苏州、无锡进批丝绸！七嘴八舌的都是疑惑："学生和商人交手会不会受骗？""把资金砸进去会不会赔？"钱俊东不管，上网搜索了解丝绸的知识、流行花色和差价，再到当地多方比较。货还在路上，订单已被抢完，稳赚近10万元。

2003年8月，"三人行"清点资产，已逾50万元。作为在校大学生，经过困难重重，终于在西安高新技术开发区的支持下，注册成立西安三人行信息通讯有限公司。

（摘自《钱俊东从贫困生到创业者》

https：//wenku.so.com/d/b09e36da9e29652d4501953cdadc3b9a）

案例分析

钱俊东作为一名贫困生，留心身边的每一个机会，多学多问，谨慎行事，深思熟虑，有大局意识，及时调整，最终从一名贫困生成为一名成功的创业者。

4.2.1　大学生常见的项目

大学生靠自己赚取学费和生活费是比较常见的，那么对于大学生来说，哪些项目比较适合自己，想进入的行业的优劣势在哪里，显得尤为重要。

目前大学生常见的创业项目主要有以下几种。

1. 快递服务站

网购现已成为越来越多年轻人的选择了，大学生对于快递服务站的需求也越来越大，众多大学生创业者会盯住这个市场，负责代理以及邮寄快递。甚至有些大学生不愿意出门，这便派生出了送货上门和上门取件服务，收取少量酬金，解决快递“最后一公里”问题。

案例

【“财经快递”一年赚到6位数】

“很多快递只能送到学校门口，从宿舍跑到学校门口至少也得20分钟，有些快递员就会不高兴。”浙江财经学院东方学院学生孙晓告诉记者。好在，该校财政专业的学生陈博甫，在校内开办了一家“财经快递”。据小陈的合作伙伴、杭州电子科技大学工业设计专业大四学生景棋介绍，这是一家专门为同学取快递而设的学生公司，他们与杭州一家规模较大的快递公司达成协议，专门负责校内快递的揽发和派送，而学校则专门给他们配备了一间仓库。

有了这家快递公司，学生的快递到了，公司会有专人打电话通知学生，学生则随时可以到公司的仓库去取货，一下子方便了许多。“现在基本上一天会有500～600份包裹，”景棋告诉记者，“公司已经取得了可观的经济效益，基本‘爬’上了6位数。”

2. 到农村创业

常见的大学生创业项目，到农村去可列入其中。当越来越多的农民涌进城里打工寻找致富门路的时候，大学生自愿放弃优越的城市生活，回到农村养鸡、种菜、种水果、成立一家电商公司等是个不错的选择。

案例

【“电商之路”一年销售额达到2000万元】

2017年，山东科技大学的毕业生刘春波顺利进入天津一家央企工作。在这里，他不仅享有优厚的待遇，还拿着高额工资。在外人眼里，刘春波无疑捧着一个“优质的铁饭碗”，但不甘安稳的他在半年之后选择了辞职回乡创业。“我放心不下一个人在潍坊老家生活的母亲。”刘春波说，“也放不下扎根了二十多年的老家。”

回到潍坊后，刘春波成立了一家电商公司。经过他的努力，公司逐步壮大。2021年“双十一”期间，公司成功卖出了100万斤沾化冬枣，成了寿光当地的“电商牛人”。最终，在刘春波的帮助下，当地150多户果农增收90多万元，越来越多的人也开始走上了电商之路……

到目前为止，刘春波共帮助当地150多户果农出售滞销产品，农户拿到了90多万元货款。除了冬枣，他还在线上销售哈密瓜、羊角蜜、烟台苹果、蒙阴蜜桃等农产品，同时帮助不少果农解决了滞销问题。

3. 开办网店

开办网店是一个新兴行业，它颠覆了传统的商业模式，成本低、收益高效，是一种“无中生有”型创业。

案例

【网上开店是梦想的开始】

现在网络购物不仅成为一种潮流，而且为年轻人提供了一个不错的创业机会。Linda与Ben就是网上开店的受益者，他们是一对大学生情侣，没有任何创业经验。由于网上开店没有太大的费用负担，于是Linda与Ben决定在淘宝网上开店，他们的网店名为“Linda与Ben的生活馆*幸福屋”。

Linda与Ben是一对幸运儿，开店后的第二天，他们就有了第一笔生意。由于有比较好的货源，以及比较适合的主营项目，再加上他们不懈地努力，他们的店铺已经经营了9个多月，并且成了钻石卖家。

虽然店铺生意越做越好，但Linda与Ben认为，作为大学生，最重要的还是学习。他们说：“我们的路还很长，在淘宝网上开店只是梦想的起点，感谢淘宝网为我们提供了一个这么好的平台，作为有梦想的大学生，我们可以没有任何负担地在这里积累经验，为今后实现我们的理想打下基础。在淘宝网开店过程中，我们体会到了创业的艰辛，也感受到了收获的幸福。”

4. 专业技术入股

有些学生对于自己的专业见解独特，有一定的专业基础，甚至拥有专业发明，他们可以依靠自己的专业入股公司，走上创业之路。比如，网络工作室、设计工作室、文字撰写类型的工作室等，可以开发App、搞设计等进行售卖。

案例

【靠专业和技术走上创业之路】

侯某，北京某科技大学物理系研究生，在读书期间就意识到在繁荣的汽车时代，汽车蓄电池在我国有十分广阔的市场。

大二时，侯某着手研究汽车蓄电池。无论是节假日还是课余时间，他都在宿舍里摆弄蓄电池。有同学开玩笑说：“侯某一心要当老学究啦。”他没有理会这些声音，而是凭借对蓄电池研究的兴趣及对以后靠技术致富的渴望和信念，义无反顾地选择了这条艰苦的创业之路。很快，侯某研究的节能汽车蓄电池顺利获得国家专利，并得到国内多家汽车蓄电池生产厂家的青睐。侯某顺利地和北京的一个厂家签订了以科技专利入股的合约，成为一个大学生股东。

专业是大学生就业的关键竞争力，也是大学生创业的优势，尤其是一些大学生拥有专业发明，更容易走上创业道路。理工科专业和艺术类专业的大学生更应充分意识到这一优势。

5. 校园外卖

随着大学生人群规模迅速的扩大以及社会的发展，消费水平也随之提高，大学外卖市场呈繁荣趋势。其入行门槛低，学生需求量庞大，市场稳定，模式复制性强，且在一定基础上便利了大学生日常生活。

案例

【大学生做零点校园外卖成功案例，他们在大学就实现月入过万】

目前，在高校做校园外卖的大学生创业团队不在少数，同样的项目，有的会成功，有的会失败，这要取决于团队之间的合作、系统的选择、平台的运营等很多因素。以下是几个大学生校园外卖的成功案例。

1. 内蒙古高校的陈站长，他是一个核心成员，所运营的校园平台拥有30~60名配送员，都是本校在校生。做零点校园外卖项目已有3年，现在站点日单量在1500~1600单，日营业额能达到35000元。

2. 四川一高校的涛涛学长，与10名在校同学合伙组建创业团队，在校成立了以零点校园为支撑的校园外卖平台。目前，平台平均日单量在1000单，兼职配送的同学每个月能拿到2000元左右，有团队成员能达到月入上万元。

3. 湖北高校的杨站长，是从部队退伍的。他和5个人一起凭借零点校园系统搭建了校园外卖平台。有28个兼职、全职配送员，到现在平台运营了将近一年，不仅为全校6000多师生提供便利的校内线上点餐和其他校园服务，还为在校同学提供了近30个兼职岗位。

零点校园目前已帮助了上万名大学生创业者在校运营校园外卖平台，运营好的创业团队，能运作好几个学校校区，团队的配送员也能拿到每月2000元左右的薪资，都是利用空闲时间兼职。核心成员也能达到每月上万元的报酬。

6. 零食店

近年来，随着休闲食品市场需求量的不断上涨，加之本小利大的优势，零食店成为万人青睐的创业项目。众所周知，休闲食品主要的目标消费群体为年轻人。因此对于大学毕业生来说，开一家零食店是一个非常不错的创业方向。很多人倾向于这类商品的消费和购买，因此零食店也是很火的。

案例

【关于大学生卖零食月赚千元励志故事】

一个零食店，开张不到一个月，每天销售额达到千元。初次创业便成功让武汉商业服务学院3名学生小老板喜上眉梢。

该校的实训超市人气很旺，旁边的两面墙是学生们的格子铺，中间的一块空地搭起了一个展卖台就是这3名学生的小店。小店里摆满松子、杏仁、话梅等零食。这个零食店是由该校商贸学院的3名学生投资开办的。

“今年9月我们去一所大学游玩，在那儿的超市看到有专柜卖干果和其他特色小零食，生意特别火爆。”彭先生说。看到这一“商机”后，三人便着手准备。

零食店自开张以来，一直颇受师生的欢迎。据介绍，零食店每天有100多人光顾，每天的营业额达千元。除去定期的进货费和场地费，3个小老板一个月下来每人能赚近千元。

7. 抖音短视频

现在无论我们走到哪，总会发现越来越多的人离不开手机。而这群人有一大部分都在刷抖音。大家开始习惯在抖音上看新闻、听歌曲、看直播、学技能，等等。抖音成为新时代的必然趋势，这是无可厚非的。同时越来越多的人也想借助抖音平台开始新的创收之路。

案例

【湖北大二学生靠拍视频月入70万元，把专业和兴趣结合，成功并非偶然】

她来自湖北大学，是一个“00后”大二学生，在很多大学生还在向父母要生活费的时候，她已经实现财务自由，团队月流水70万元，甚至给团队的小伙伴发起工资。

这名女生和很多普通的女大学生一样，在短视频流行的当下，谁又不曾拍视频自娱自乐呢？我们总是感叹视频中网红赚钱容易，却往往忽视了个人的成功并非偶然。

这名女生如今坐拥600万粉丝，说起来也是一位小有名气的网红了，但是在她成功的背后，却有着很多人没有的坚持。刚开始她拍的视频并没有多少人看，但是作为一名新闻专业的学生，她把自己的兴趣和专业结合起来。

拍摄的内容并不是随机的，而是反复去研究什么样的内容才能吸引人，这和她在自己的专业课上学到的内容不谋而合。将课堂上的知识付诸实践，慢慢地让她吸取经验教训，有理论的支持缓缓地走下去。

很多人不清楚新闻学究竟是学什么的，以为该专业毕业后就是播新闻的，实际上这是一个文学和社会学相结合的学科，又与哲学、历史和心理学等学科相关，培养出来的学生也并非单纯地播新闻，而是在采编、评论、摄影等方面都有涉猎。

如此就能明白，这名女生的成功并非偶然，而是把自己的专业付诸实践，不断地钻研才取得现在的成就。纵观如今的视频平台，能够留下来的大多是正面积极的形象，而一些只是短时间内博人眼球的网红，却被淘汰了。

8. 广告设计工作室

广告设计、宣传、打印一直都是学校生活中必不可少的。因此学校周边除了餐厅拥有巨大人流，就是广告设计店了。

案例

【在校大学生创业开广告设计工作室净赚8万元】

丁一飞所在的安徽科技学院新建了一栋宿舍楼，就把一楼开辟成了大学生创业园，为创业学生免费提供一年的门店。最初有50多个团队参与竞争，经过层层筛选，最后包括丁一飞团队在内的10个团队获得入驻权。

丁一飞大学学的是城市规划专业。在他看来，城市设计和平面设计有着一定的相通之处，与城市规划比较起来，平面设计相对较简单，会些软件、懂些美学就能上手。他认为平面设计比单纯的营销更“高端”一些，因为产品里有自己的想法和创作元素，这也是他的优势所在。

大二那年，丁一飞与几个大学同学创办了“光翼设计工作室”，一个专业从事平面设计制作的小店，最终净赚8万元。

9. 手机配饰

手机配饰也是适合大学生做的小生意。随着智能手机的发展，手机已在生活中扮演着重要的角色，甚至很多人恨不得每天捧在手里。上到四五十岁，下到十几岁，人们都希望把手机打扮得个性十足，所以近几年相关的服务特别受欢迎。做手机配饰的投资小，无须店面，利润空间也更大，只要吃得了苦，流动式的地摊经营依然能有收获。

案例

【“90后”小情侣卖手机壳毕业一年年入百万，小成本创业这样做就能逆袭】

早前，有这样一则新闻在网络上引起轩然大波，来自浙江大学宁波理工学院一对“90后”的小情侣孙蔚蔚和王炜韬。

在当地媒体报道了他们的创业故事之后，二人迅速在网络上走红，起因竟是一款手机壳。

据了解，两人是在上大二的时候发现市场上的手机壳都比较单一，没什么特点，可以选择的种类不多。

学设计的两人就与设计师合作寻找有趣的热点做手机壳原创系列，其中几款比较经典的设计更是因为明星粉丝们的推荐一夜成为爆款，销量猛升。

这对小情侣不仅把他们的原创作品运用到手机上，还扩展到了包包和服装上。

毕业一年后的现在，两人不仅拥有了自己专业的设计师团队，同时也赚到了人生第一个100万。

4.2.2 大学生创业注意事项

1. 多学多问，虚心请教

对于大学生创业者来说，他们缺乏社会经验、管理能力等，故学习更是不能放下的，这也是成功人士的必备品质。对于大学生来说，做事不能一意孤行，要多学多问、虚心请教，请教的对象可以是创业成功的前辈、创业导师以及目标消费群体。

2. 耐住性子，不可冲动

大学生做事充满激情，性格不够沉稳，容易冲动。对于创业者来说，做事应耐住性子、不可冲动、多思多虑。创业本就是有风险的事，所以更应该谨慎行事、深思熟虑，做有把握的事。

3. 勇于承担，负责到底

勇于承担是一个成功的领导者必不可少的品质。一个创业者在遇到问题后首先要寻找自己的问题，勇于承担，从自身找问题，这样才能让企业更好地发展。

4. 要认识并接受人的本性

大学生一直生活在校园中，平时都是与老师同学打交道，因此在步入社会之后会明显意识到自己社会经验不足，一旦受到挫折情绪和思绪波动较大。大学生创业者一定要认清社会，学会正确接受人的本性。

5. 要有大局意识，不能只顾眼前

大学生社会经验少，在创业中可能只看到了眼前，因此会造成做事没有深谋远虑，缺乏考量，只看到一时得失，从而影响成功。

6. 向竞争者学习

没有压力便没有动力，面对竞争者虽然短时间会感到有压力，但如果可以冷静地分析他们成功的经历，把他们当作自己创业的现成教材，便可以看清自己的方向。

7. 仔细分析，请教前辈

投资要考虑方方面面，是一个需要智力、能力和社会经验的脑力活。而这些都是大学生最欠缺的，所以更应该在做事前冷静分析，请教前辈，借鉴经验，这样可以少走弯路，避免错误，拿出可行的决策方案。

8. 制订计划，合理理财

当今社会的学生习惯了衣来伸手、饭来张口，对于理财没有一点概念，对于创业来说，制订计划，合理规划钱财是非常重要的。因此，大学生创业者必须克制自己，将钱花到实处，绝不可以任意挥霍。

9. 越挫越勇

调查发现，由于大学生创业者自身的局限及性格特征，导致大学生创业成功的不到两成，失败的可能性非常大。既然失败的可能性很大，一旦面临失败，大学生创业者应依旧保持热情，可转向工作或其他行业，重新磨炼自我。

4.2.3 大学生创业的利与弊

1. 大学生创业的有利之处

（1）可以丰富大学生的阅历，增加创业经验。不断丰富自己，提升认知能力，即使创业不成功，也可以帮助大学生选择适合自己的就业方向，帮助自己规划未来。

（2）大学生创业者能发挥自己的主观能动性，挖掘自己的潜力，发挥自己的优势。

（3）大学生创业者能够培养个人的良好性格，提高个人的能力，例如，团队合作，勇敢坚持。

（4）大学生创业者能够给自己带来部分的收益，同时，在学校学习的成果可以转化为实践，这样有利于拓宽学生的视野，促进个人的全面发展。

（5）大学生创业者能够有效地了解社会发展方向，及时调整个人的目标。

2. 大学生创业的弊端

（1）大学生创业者创业初期可能会面临资金短缺问题，需要向银行借贷，会存在资金周转的压力。

（2）大学生创业者经验不足，对于社会的认知不足。缺乏经验，可能会导致在工作中失误。

（3）大学生创业者可能会存在工作分配较多，并且个人无法坚持下来的问题，所以在选择是否创业的同时一定要仔细思考。

延伸阅读

创业者是具有“企业家精神”并致力于创造新价值的劳动者。他们经常以企业创始人的身份出现，但并不局限于企业创始人，还可以是其他组织的创始人，甚至可以在现有的社会组织内存在。

创新是社会进步的灵魂，创业是推动经济社会发展、改善民生的重要途径。

杰弗里·蒂蒙斯在《创建新企业：21世纪的创业管理》一书中这样定义创业者：创业者是认识到市场机会，通过发起创立企业，试图获得机会带来的收益，而同时又必须为错误的决策承担风险的人。这个定义从机会的视角出发，强调创业者对商机的利用，但这个定义不能把“创业者”与“商人”进行区分。

商人本身并不创造价值，他们只是传递价值。因此，可以从价值创造的视角来定义，把创业者同商人区分开来。

第一个维度：精神层面。创业者是具有创业者精神（企业家精神）的一类人，他们以“创新”为信念，赋予企业以价值观，不局限于现有的资源，创新地组合各种要素，建立新的生产函数。

第二个维度：价值层面。创业者应该追求新价值的创造，致力于创新并向社会提供“更有效率”“更美好”“更便捷”“更便宜”“更舒适”的产品或者服务。尽管有些时候，新价值创造活动可能会失败，但创业者愿意承担这样的风险，并享有创造新价值可能带来的收益。

课堂讨论

1．结合身边大学生创业案例，分析他们创业成功之处（分组讨论完成）。

2．关于大学生创业你的建议是什么？（结合本章学习内容至少提出3点建议）

第5章

创业合伙人怎么选?

本章内容导学

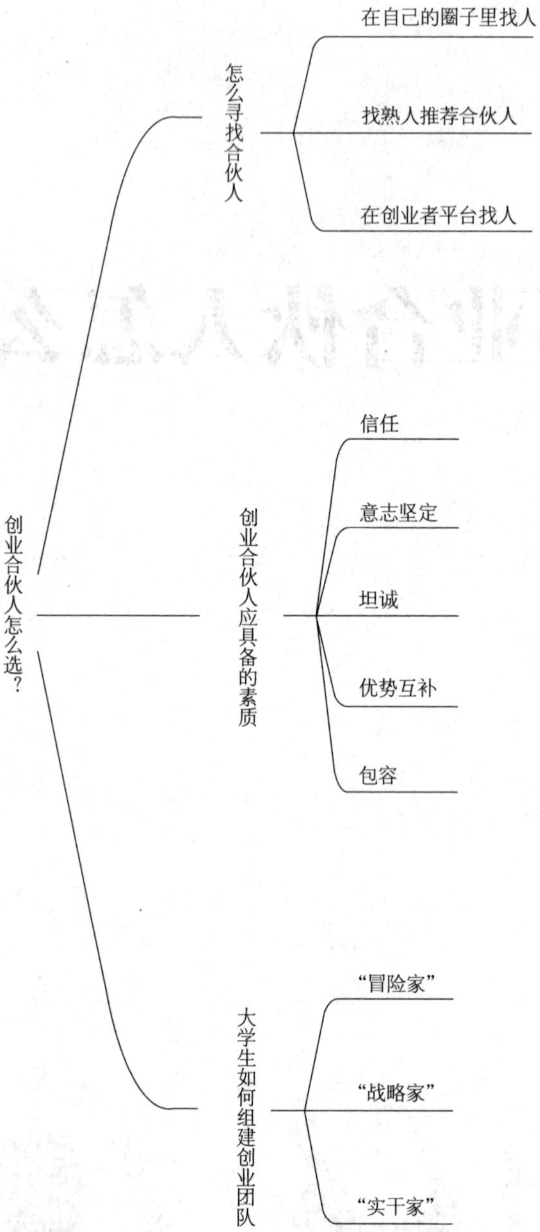
创业合伙人怎么选？
怎么寻找合伙人
在自己的圈子里找人
找熟人推荐合伙人
在创业者平台找人
创业合伙人应具备的素质
信任
意志坚定
坦诚
优势互补
包容
大学生如何组建创业团队
“冒险家”
“战略家”
“实干家”

5.1 怎么寻找合伙人

创业开公司，最重要的工作是什么呢？“做产品”“找市场”“找资金、找投资人”“寻找合伙人”……其实市场、产品、营销，要做好这些工作都离不开人，那么为什么不直接找优秀的人才帮你做这些事情呢？创业者找合伙人就是找志同道合的商业搭档，就像找恋人一样。一次成功的合伙创业，就像一场美满的婚姻，收获的不仅是彼此的信任与友谊，更有源源不断的财富。

南怀瑾曾说：“大多数老板找来的是弟子，当作雇员慢慢培养；幸运的老板能够找到志同道合的伙伴，共同经营；而最成功的老板却是能找来自己的老师做员工。”这段话说明找到对的合伙人的重要性。

为了让优秀的人才脚踏实地地跟着你干，让他们成为你的合伙人，与你一起打江山，那到底该怎么找人呢？

1. 在自己的圈子里找人

寻找合伙人的第一步就是从身边的人“下手”，最好的合伙人应该是你的前同事、同学、朋友、亲戚。为什么同事放在第一位呢？因为你与他曾经在一起共事过，知道他的能力、脾气、性格，用战友来形容一点也不为过。如果能与同事成为合伙人，不过是换个战壕继续战斗，磨合成本是最低的。

第二顺位可以考虑一下同学，在学生时代你们一起求学，每天低头不见抬头见，有可能一起讨论过作业，一起参加过同一个社团等，通过生活和学习上的接触，对彼此之间的个性、优势也比较了解。不建议与最亲密的朋友一起合伙，太多感情的因素会影响对事物的判断。亲密朋友间还是保持最纯粹的友谊就好，各自在自己擅长的领域发光、发热。

亲戚作为合伙人是最后的人选，当商业关系掺杂了亲属关系后，会变得微妙而复杂，不便于工作的正常开展（不建议与亲属合伙创业）。

案例

张良杰和刘乐飞原本都是北京某大酒店的员工，张良杰是大厨手下的一名配菜员，刘乐飞是大堂服务人员。两人是老乡，彼此关系处得不错。张良杰是个不甘于为别人打工的人，总想着自己开饭店。在酒店工作期间，他一边在大厨手下偷偷学艺，一边做市场调查。2012年，张良杰酝酿已久的创业计划终于开始启动了。不过他不懂服务，而饭店的经营与服务质量有很大的关系。因此，他很自然地想到了刘乐飞。刘乐飞是个性格外向、处事精明的女孩，如果能说服她合伙，让她负责饭店服务，她肯定能独当一面。当张良杰找到刘乐飞，把自己的创业想法说出来后，刘乐飞毫不犹豫地同意了。两人商议好出资比例和各自负责的业务，他们的饭店就开张了。

饭店开张后，两人各司其职，一个把好饭菜关，一个负责收银和服务。在经营中，遇到问题时两人友好协商，哪天营业收入多了，两人会庆祝一番；哪天营业收入少了，两人会一起分析可能的原因。虽然每天工作都很累，但他们饭店的生意蒸蒸日上。随着饭店规模的不断扩大，他们又开始招聘服务人员、厨师。两人从最开始的“一线参战”，到坐镇幕后，负责管理和监督。饭店在两人的用心经营下，发展得越来越好。

2. 找熟人推荐合伙人

你可以由同事、同学、朋友、亲戚引荐人才，通过一次引荐或者两三次转荐，让你有机会认识更多的人才，直到从中找到最合适自己的那个人。

案例

1999年阿里巴巴只是一个不起眼的小网站，创始人马云经过朋友的转荐认识了蔡崇信（2021年的福布斯香港富豪榜前十之一），两个人在杭州见了面。马云带着蔡崇信来到了自己的公司，到了之后，蔡崇信被眼前的一幕惊到了。办公室里竟然黑压压地坐着20多个年轻人，地上铺满了床单，他们在这里同吃同住，这场面谁也不会相信是一个公司。换作其他人，估计还没进门就扭头走了。但蔡崇信不仅进去参观了一番，还非常耐心地听马云讲了自己的项目。在这个过程中他发现虽然这里条件很艰苦，但每个人的脸上都充满了激情，就好像第二天一睁眼阿里巴巴就会成功一样。让人感到意外的是，蔡崇信在这里转了一圈之后并没有被吓跑，他放弃百万年薪加入了马云的团队，拿着每月500元的工资。

后来蔡崇信被人问到为什么会选择阿里巴巴，他笑着说，他见到马云之后，被他的人格魅力深深地吸引了，还有那群年轻人奋斗的激情和这个项目的前景和未来。

3. 在创业者平台找人

互联网时代，人与人之间的联系不会超过6个人。虽然人与人的联系已经那么紧密了，但酒香还是怕巷子深，如果不主动出击，是找不到合适的合伙人的。所以要坚持一个原则就是在互联网平台上主动与人保持联系，展示个人的魅力和项目前景才能吸引到合适的合伙人。

5.2 创业合伙人应具备的素质

很多人都知道，创业成功不能缺少好的项目，甚至很多创业者说："好项目是创业成功的一半。"这样说也并不是没有道理的，但忽略了一个很重要的关键条件——合伙人。要知道，一个好的项目是靠人做出来的，找到一个合适的合伙人，比找到一个好项目更有难度。有人甚至发出这样的感慨："100个好项目，不如一个靠谱的合伙人。"这足以证明了找合伙人的不易。认识到这些之后，我们再来看看合伙人应该具备怎样的素质（图5-1）。

图5-1 合伙人应该具备的素质

案例

海底捞是家喻户晓的知名火锅品牌，服务好、食材好、品位好，对于火锅喜爱者来说，海底捞一直都是他们的第一选择。海底捞能够走到今天，取得今天这样的知名度和成绩，离不开两个字：信任。

海底捞的创建和发展是有一段故事的。它起源于4个年轻的合伙人，分别是施永宏、杨小丽、勾轶群、张勇，然而当海底捞的“一号人物”张勇计划在10年后退休时，他的接班人却是在其他三位合伙人之外的10万名员工当中选出的。而事实是，离开他们4个其中的任何一个人，海底捞都不会走到今天，如果没有施永宏就没有海底捞。

施永宏与张勇相识于一个焊工技校，当时的张勇经常逃课，施永宏就帮助他解决作业、考试和老师的麻烦，两人之间建立起来的这种微妙关系一直延续到他们之后的创业过程当中，张勇“折腾”，施永宏“救火”。毕业后，两个人不满足于做焊工，于是就开始做生意。张勇卖过游戏机，倒卖过汽油，还开过麻辣烫店，其中，施永宏一直都是张勇身边免费的小工，但可惜两人最后什么也没做成。后来张勇又决定开火锅店，施永宏又一次帮助张勇解决了部分资金问题，也顺势成为股东，张勇一分钱没出，也占了相同的股权。当时他们的经营方式就是简单的“家庭作坊”，有顾客时就招待，没顾客时就打麻将，由此，施永宏为火锅店取名：海底捞。海底捞火锅店越做越大，张勇对施永宏的信任也越来越坚固，虽然张勇是主导，但施永宏也从没有过任何怨言，他不敢辜负张勇的信任，一直都默默地为海底捞付出着。后来，施永宏回忆：这20多年来，自己除了IT部门没有做过，其他岗位全干过。

从案例中我们可以发现，信任搭建起的稳固桥梁对海底捞成功起步到发展壮大起到了巨大的推动作用。

1. 信任

信任在合伙创业过程中，是合伙大厦平稳建立的根本条件。潘石屹曾说：

“与朋友一起创业，最重要的是信任。当初我跟冯仑、王功权、刘军、王启富、易小迪5个朋友一起创业时，我们没有会计、出纳，更没有审计，于是他们5个便把所有的钱都交给我管。在我们一起创业的四五年里，我没有多占过一分钱，哪怕是一张出租车票都没有私自报销过。”

在创业的过程中，合伙人之间的信赖特别重要，因为我们不可能一个人完成所有的事情。也许，每一个人的聪明程度、智慧程度不同，不过信任是把大家联合在一起的前提，没有了信任，就不可能有真正的团结和良好的合作。

有很多失败的项目，他们失败通常不是因为项目本身有问题，也不是因为发展方向有问题，而是因为合伙人之间不够信任，钱分得不均匀。

案例

有两位一起创业的大学舍友，他们就是美团的王兴跟王慧文。

当年王兴到清华大学读书，进入宿舍认识的第一个朋友就是王慧文。王慧文跟王兴不一样，王慧文家里非常穷，他是靠自己的努力考入清华的。王兴家里非常有钱，他又十分聪明，成功保送了清华。

王兴在学校里是核心人物。王慧文大学4年就一直跟着王兴混。毕业了，两个人一起创业，也一直是王兴做主将，王慧文做副将。

在大学的时候，王慧文跟着王兴混，把自己从一个学霸混成了一个学渣。王兴到了大学之后，就一心想要创业，对于读书没有兴趣。王慧文整天跟着王兴，结果自己的功课也没学好，两个人就成了班里倒数的人物。

不过王兴最终还是在毕业之后去了美国留学，而没有马上创业。因为王兴的姐姐从清华毕业之后去了美国，后来留在美国硅谷工作，加上那个时代很多人毕业之后都是去留学，王兴还是听从了家里人的建议去了美国留学。

王兴刚到美国不久，王慧文就联系王兴，希望王兴一起回国创业。王慧文当时想要创业，不过他自己没有底气，于是就拉上了王兴。王兴也听说了国内互联网的发展，认为机会非常好，一冲动就放弃了自己的学籍，还没毕业就回到了中国，找到了王慧文，两个人一起创业。

那个时候美国的社交网络开始崛起，于是王兴就决定跟王慧文一起做社交网络，他们的第一个项目是一个留学生的社交网站，名为“游子图”，不过很快就失败了。随后王兴跟王慧文又陆陆续续做了好几个项目，不过都没有成功，直到他们开发了校内网之后才开始成功。校内网就是一个中国版本的Facebook，其实也是学了美国的模式。

后来这个项目被千橡国际的陈一舟收购了，王兴跟王慧文赚到了一大笔钱。王兴按照协议去了千橡国际当了一年的副总经理。王慧文则离开了校内网，他拿着钱在北京买了一套房子，随后用剩下的钱去环球旅游，2年内王慧文玩遍了世界。王兴后来离开千橡国际，又创办了饭否网，不过项目失败了。

玩腻了之后王慧文回到中国，创办了一个房地产网站。王兴之所以创办了美团，这个模式也是从美国学习过来的。美团渐渐发展上了轨道，王慧文的网站却一直不瘟不火。后来王兴劝说王慧文加入美团，还分了一些股份给王慧文。

正是在王兴跟王慧文一起努力下，美团才取得如今的成功。创业维艰，10年来，他们既互相扶持，也彼此成全。

2. 意志坚定

创业如同海上的灯塔，初创者往往会认为通过划船就可以到达灯塔，但是在海上会有风浪和看不到的礁石等，会发现离灯塔越来越远，彼时，需要创业的合伙人有坚定的意志，朝着既定方向持续努力才有可能成功。

案例

李嘉诚以诚待人获得第一笔订单。1957年，李嘉诚到意大利去考察一家塑胶公司，但由于这家公司对新技术防守甚严，他只好通过乔装的方式混入该公司获得了相应的技术资料，然后他便回到香港开办长江公司。但由于模仿者众多，长江公司的塑花在市场上的销售并不理想。正当李嘉诚伤透脑筋之际，有位欧洲的批发商来长江公司看样品，他对长江公司的产品比较满意，答应可以订购其产品，但有一个条件就是得找一家实力雄厚的公司作担保。在未找到担保人的情况下，李嘉诚和设计师们通宵达旦，连夜赶出9款样品，期望能以样品打动批发商。批发商从李嘉诚通红的眼睛上，猜到了这个年轻人通宵未眠。他太满意样品了，同时也为这个年轻人的办事作风所打动，于是这位批发商说："我知道你最担心的是担保人问题，我坦诚地告诉你，你不必为此事担心，我已为你找到了最佳的担保人。"李嘉诚愣住了。批发商笑道："这个担保人就是你，你的真诚和信用，是最好的担保。"他们很快签了第一笔购销合同。

3. 坦诚

合伙创业是一件很严肃的事情，既然不是独资企业，那么遇事就要多与合伙人沟通，碰到问题就要与合伙人商量着去解决。沟通不仅是为了经营好公司，而且是为了更好地管理团队，避免合伙人之间产生误解。千万不能见面无声，背后有声，这样往往会造成合伙人之间的关系渐行渐远。

通用电气前CEO杰克·韦尔奇说过："管理就是沟通、沟通、再沟通。"合伙人不仅要把沟通变成一种习惯，还要掌握好沟通的技巧，这样才能让沟通达到理想的效果。

案例

有家网站的工程师（合伙人）经常会告诉另外两位合伙人："对于数据库，我们可以采取A方案，也可以采用B方案，两种方案各有利弊，你们认为采取哪个方案比较好？"

某合伙公司每次做营销活动时，成本往往超出预期，甚至有时本以为接近尾声了，居然还会冒出许多费用。

某公司的一名高管（合伙人）对于一个新起步的业务有自己的想法，而该项目的负责人（另一位合伙人）却一直持有不同的意见，但他们却相互并不知情。

以上例子，我们看到了合伙人之间的沟通，仔细阅读你会发现他们之间的沟通是无效沟通。企业运行管理中类似的无效沟通还有很多，如合伙人之间很少开会，失去了共商事务的机会，导致彼此完全按自己的想法行事。合伙人只关心自己能挣多少票子，根本不把下属放在眼里，导致人才大量流失。合伙人各自负责的部门缺乏统一领导，各自为政，就像几个毫不相干的分公司。合伙人在外跑业务，对公司内的情况知之甚少，导致在公司的发展决策上产生分歧。合伙人不愿意在沟通上投入时间和精力，认为沟通没有必要，大家该知道怎么去做……

合伙人之间由于知识结构、处事方式、性格特点等不同，在看待同一问题时的态度也会不同。如果这种分歧不能通过沟通予以消除，肯定会影响到公司的决策执行，还会直接影响合伙人之间的关系。

4. 优势互补

当今时代是全球化合作的时代，单打独斗是行不通的，优势互补不同于各司其职，创业所涉及的往往是一个全新的领域，对于公司和产品的未来发展，大都需要摸着石头过河。在创业期间，会产生分歧，出现各种各样的困难和问题，每个人都有自己擅长的领域，例如，两个创业团队，每个团队都是三人组合。团队一：A擅长管理，B擅长策划，C擅长营销。团队二：A、B、C均擅长管理。很明显，团队二的合伙人出现了同质化，那么在创业的过程中就容易出现决策分歧等矛盾，不利于创业成功。

案例

又是一年毕业时，当很多大学毕业生还在为工作而忙碌时，他们已经是校园里小有名气的“老板”。他们就是济南大学“黑苹果”创业团队。如今，已经大三的他们在校园里拥有三家店面，以打印复印、摄影、快递业务为主，月入近万元。

2009年，从老家贵州来济南大学报到的赵某在火车上认识了周某，同样来学校报到的大一校友，旅途中两人谈起了未来四年的大学规划。“自主创业”的想法，让两人不谋而合，当时决定先从薄利易销的小商品销售做起。他们决定从推销卫生纸开始，但生意并不像想象的那样顺利。

2010年夏天，赵某、周某加上另外两名同学，批发了一批凉席在学校里推销。经过一个月的努力，他们卖出了1100余件凉席，获利8000余元。当年9月，当大一新生到来时，赵某他们早早就批发了一批脸盆、牙膏、肥皂等生活用品，分散到学校的多个点进行销售。两万多元钱的货，很快就卖完了。两次生意的成功为他们解决了资金难题，也为后期的创业积累了启动资金。

尽管几名学生尝到了创业的甜头，但他们也意识到了单个力量的薄弱。他们决定组建创业团队，并取名“黑苹果”。赵某说，在大学里如果以“苹果”比喻大学生的话，可以分为三类，一类是积极向上，在学习中取得优异成绩的“红苹果”。一类是无所事事，没有生活目标的“青苹果”。还有一类是“黑苹果”，尽管自身能力会有不足，但拥有追求目标的实干精神，不达目标不言放弃。

为了确立自己的主打产品，经过一番分析调查，他们发现学校南苑宿舍区缺少打印店，很多同学复印打印时还要到主校区，很不方便。2011年初，他们在学校南苑宿舍区开了第一家主营打印复印、摄影、条幅广告的店面，取名“格鲁堡工作室”（取自英文global的谐音，寄托着对未来的美好憧憬）。

如今的“黑苹果”创业团队已经在学校里拥有了三家店面，月收入近万元。今年3月，“黑苹果”创业团队又和三家快递公司合作，在校园里做起了代理收发快递的业务。现在，团队已经发展到了14人。

5. 包容

创业合伙人之间有着共同的利益，因此需要包容忍让，在创业过程中，谁都无法预料未来会发生什么事。如果你选择的合伙人心胸狭隘，不仅容易让其他合伙人心中产生隔阂，而且很容易形成恶性循环，合伙关系将面临破裂的危机。

投资人说

民营经济是推进中国式现代化的生力军，企业家精神是社会的活力所在，新时代企业家精神要立足爱国、创新、诚信、社会责任、国际视野五大维度。

5.3 大学生如何组建创业团队

“一个篱笆三个桩，一个好汉三个帮。”大学同学一起创业的故事还有很多，从上述案例中，我们不难看出，王兴和王慧文拥有相同的目标和志向，虽然家庭境遇和条件截然不同，但两位的相互扶持和配合谱写了创业史上的一段佳话。“黑苹果”创业团队从创业初体验到组建他们自己的创业团队，最后到业务扩展得越来越广，无疑证明了一个问题，那就是“黑苹果”创业团队合伙人之间的双向选择是正确的，他们能够在遇到困难时齐心面对，他们的目标一致，因此在创业过程中也取得了较好的成果。

都说专业的人干专业的事儿，个人的力量是有限的，成大事者要善于借力，善于与人合作。那么大学生创业团队成员如何搭配？

从创业团队每个成员擅长的方向和职能来看，创业团队成员的核心伙伴在能力上最好能形成“铁三角”：特别擅长和熟悉客户和市场的人，主要负责市场和业务相关的工作；对产品和技术特别感兴趣的，相关专业的，主要负责抛光产品和技术；剩下的，需要一个能够处理公司内部事务、各种公关和对外关系，负责公司运营各个方面的团队成员。

首先，一定要有一个有愿意接受任何新事物，充满好奇心和冒险精神的“冒险家”，因为对于大学生创业来说，敢于做，把握新趋势是非常重要的。

其次，必须有一个有大局观和规划的“战略家”，思考问题能够比较深入透彻而不是浮于表面，成为团队的主心骨，确保团队能够在大方向上不走偏。

最后，需要有一个踏实稳重的“实干家”，无论多么天马行空的点子，一旦决定做，这个人就有办法让它变成现实。

课堂讨论

创业中你最看重合伙人的哪些素质呢？详细地阐述一下吧。

第6章

初创公司的五脏六腑

本章内容导学

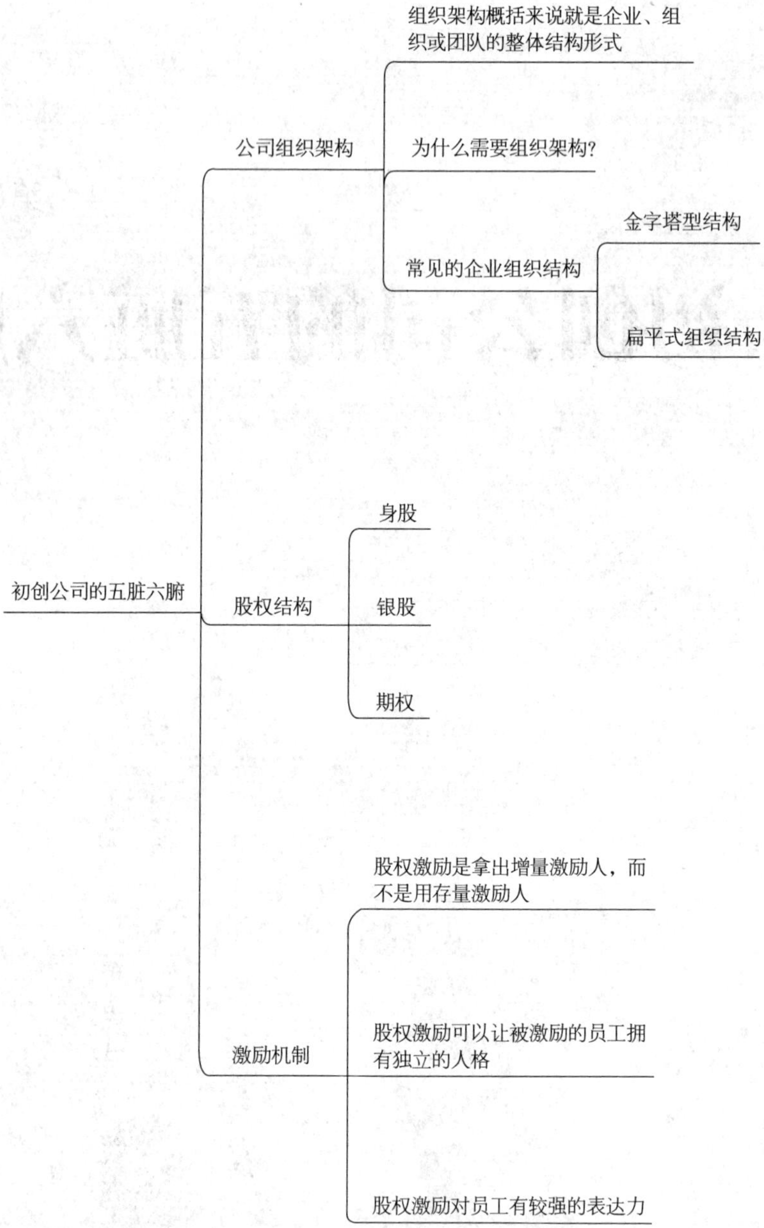
初创公司的五脏六腑
公司组织架构
组织架构概括来说就是企业、组织或团队的整体结构形式
为什么需要组织架构?
常见的企业组织结构
金字塔型结构
扁平式组织结构
股权结构
身股
银股
期权
激励机制
股权激励是拿出增量激励人，而不是用存量激励人
股权激励可以让被激励的员工拥有独立的人格
股权激励对员工有较强的表达力

6.1 公司组织架构

6.1.1 什么是组织架构?

组织架构概括来说就是企业、组织或团队的整体结构形式。具体是指企业、组织或团队在管理要求、管控定位、管理模式及业务需求等诸多因素的影响下，根据内部资源、业务流程等形成的职能部门。企业面临的环境决定了组织架构的特征。就像沙漠的干旱和风沙决定了骆驼需要高高的驼峰储存水分和养料，海水的高阻力决定了鱼儿的流线型身躯。

组织架构是战略实施的整体，战略不同组织架构必然随之调整。就像蜗牛与羚羊，蜗牛的战略是当危险来临就缩进硬壳里面，所以蜗牛需要背着“房子”到处走；羚羊的战略是当危险来临就快速奔跑离开，所以羚羊需要强健的四肢。如果让羚羊背上“房子”，又怎么能实施快速奔跑的战略呢？

6.1.2 为什么需要组织架构?

组织架构的本质是为实现企业战略目标而进行的分工与协作的安排，组织架构的设计受到内外部环境、发展战略、生命周期、技术特征、组织规模、人员素质等因素的影响，并且在不同的环境、不同的时期、不同的使命下有不同的组织架构模式。因此只要能实现企业的战略目标，增加企业对外竞争力，提高企业运营效率，就是合适的组织架构。

组织架构的设计究竟有多重要？联想的创始人提出的管理三要素“定战略、搭班子、带队伍”，其中“搭班子”就是组织架构的设计工作。有了组织架构，各个部门、各个岗位的成员才能充分发挥各自的作用，协同作战，既独立又合作，从而保证整个企业的高效运转。

在企业发展的不同阶段，随着组织规模的扩大和能力的改变，组织架构也要相应变革来适应组织的发展。在创业阶段，企业需要快速反应来保证生存，组织架构需要简单，围绕主要职能来设置部门，如果组织架构过于臃肿、部门过多，就会造成流程割裂、效率低下，企业的生存就会出现问题。当企业发展壮大，如果仍然粗略地设置组织架构，就会造成重要职能薄弱或缺失，企业就会缺乏相应的能力，企业的发展就会受到影响。就像人小的时候，如果穿过大的鞋，就会举步维艰，怎么也跑不快；当长大成人，如果再穿小时候的鞋，跑的过程中 一定会受到束缚、疼痛难忍。

放眼望去，为什么很多企业发展了，管理没有跟上，推诿扯皮的事情很多？其核心就是组织架构设计不合理，没有跟上公司业务发展的要求，不能适应外界环境的需要。自然产生矛盾，人浮于事。

6.1.3 常见的企业组织架构

1. 金字塔型结构

金字塔型组织是指企业的整个人事组织像一座金字塔，领导人高居塔尖，以制度化和法规化严格构建等级制度。在该组织内部，个人目标的满足有赖于组织目标的达到，个人想要得到的，只能依靠个人在组织中的层次而定（图6-1）。

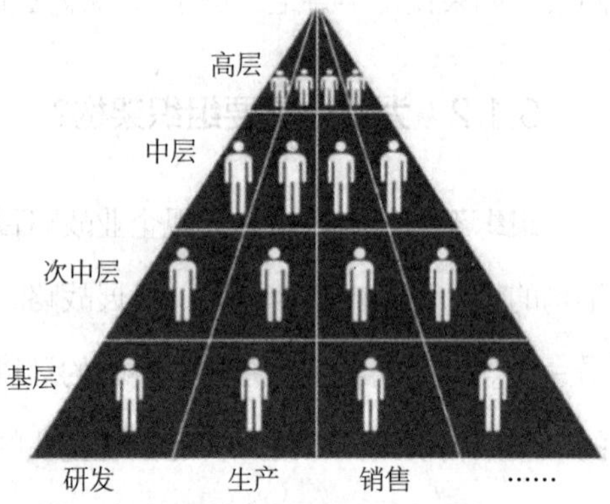

图6-1 金字塔式组织结构图

金字塔型组织结构有个明显特点：结构严谨、等级森严、分工明确，全面实施层级管理，上级不得越级指挥，下属不得越级报告，否则就是大逆不道。这样虽然便于监控，带给企业一定的秩序，保证了企业的正常运营。但是，因为等级森严、层级管理、层级汇报，企业问题老板永远是最后才知道，知道时基本已经没有挽回的可能了；而且，即使老板知道也不可能找到真实原因——层层汇报之下，信息彻底失真，最后老板只能拍着脑袋做决策。

金字塔型的优点在于，公司决策层通过中层骨干将公司的指令传达并组织基层部门落实，某种意义上是对中层管理者的一种授权，中层领导有组织和管理的下级工作的权限，会让中层干部有更大的自主权，这种模式也避免了最高层对基层工作的过多干涉。但是如果中层干部阳奉阴违，或者能力不足，品行不端，则会严重影响公司和企业政策执行效果，因此金字塔型管理模式的关键是优秀人才的逐级晋升选拔制度，建立健康的企业文化和团队凝聚力，避免中层骨干对公司资源的过多占用甚至造成潜在的危害；金字塔型的管理模式更加适合经营模式比较简单、涉及部门较少的产品和服务，比如销售公司、广告公司、中介服务公司等。

大量采用金字塔型组织模式的企业看似增长有力，实际却是在“带病发展”，随着组织逐渐庞大后出现的“大企业病”，很容易引发人力资源效能和财务效能相互影响的“管理双杀效应”，最终导致企业轰然倒下。企业及时转型“平台型组织”，可以防止金字塔型组织模式下的这种效应。

2. 扁平式组织结构

在互联网时代，要想快速捕捉机会、响应市场，公司就必须精简，而不是一味搞什么人海战术，要使每个人都成为有价值的创造者，使每个人都能有价值地工作，就需要改变公司内部组织结构和组织模式。

所谓组织扁平化，就是通过破除公司自上而下的垂直高耸的结构，减少管理层次，增加管理幅度，裁减冗员来建立一种紧凑的横向组织，使组织变得灵活、敏捷，富有柔性、创造性。它强调系统、管理层次的简化、管理幅度的增加与分权。其特点如下：

以工作流程而不是部门职能为中心来构建组织结构。公司的结构是围绕有明确目标的几项“核心流程”建立起来的，而不再是围绕职能部门；职能部门的职责也随之逐渐淡化。

纵向管理层次简化，削减中层管理者。组织扁平化要求企业的管理幅度增大，简化烦琐的管理层次，取消一些中层管理者的岗位，使企业指挥链条最短。

企业资源和权力下放于基层，顾客需求驱动。基层的员工与顾客直接接触，使他们拥有部分决策权能够避免顾客反馈的信息在向上级传达的过程中失真与滞后，大大提高服务质量，快速地响应市场的变化，真正做到让顾客满意。

现代网络通信手段。企业内部与企业之间通过使用E-mail、办公自动化系统、管理信息系统等网络信息化工具进行沟通，大大增加管理幅度与效率。

实行目标管理。在下放决策权给员工的同时实行目标管理，以团队为基本的工作单位，员工自主作出决策，并为之负责；这样就把每一个员工都变成了企业的主人。

扁平式组织架构的优点：

机动、灵活，可随项目的开发与结束进行组织或解散；这种结构是根据项目组织的，任务清楚，目标明确，各方面有专长的人都是有备而来。因此在新的工作小组里，能沟通、融合，能把自己的工作同整体工作联系在一起，为攻克难关，解决问题而献计献策，由于从各方面抽调来的人员有信任感、荣誉感，使他们增加了责任感，激发了工作热情，促进了项目的实现；它还加强了不同部门之间的配合和信息交流，解决了直线职能结构中各部门互相脱节的问题；加强了横向联系，专业设备和人员得到了充分利用。

扁平式组织架构的缺点：

项目负责人的责任大于权力，因为参加项目的人员都来自不同部门，隶属关系仍在原单位，只是为“会战”而来，所以项目负责人对他们管理困难，没有足够的激励手段与惩治手段，这种人员上的双重管理是矩阵结构的先天缺陷；由于项目成员来自各个职能部门，当任务完成以后，仍要回原单位，因而容易产生临时观念与短期行为，对工作有一定的影响（图6-2）。

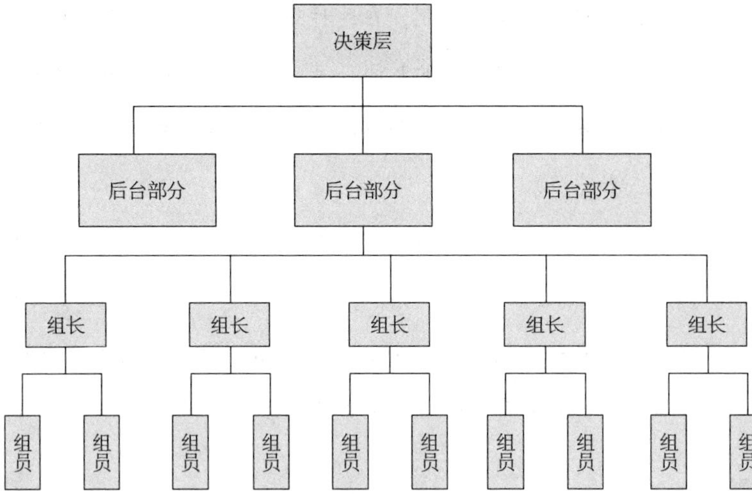

图6-2　扁平式组织结构图

案例

谷歌创新——扁平化与网络化

为了适应时代发展的要求，谷歌通过对自身的管理方式进行创新，开创了一种全新的组织结构，经过创新的组织结构不仅呈现出扁平化和网络化的特点，还实现了高度的民主，让更多的员工拥有权力。在这种组织结构的影响下，谷歌依然保持了高效的运作效率，同时也进一步激发了员工的创新能力，在公司内部营造了一种创新的氛围。谷歌通过一系列管理创新为自身设计了一种全新的组织结构，表现出扁平化、网络化、彻底分权、高度民主的特征，这种组织结构不但保持了谷歌的高效运行，而且极大地激发了组织成员的创新能力。

谷歌专门设有产品研发小组，一般一个管理者拥有50个直接下属，数量多的时候可以达到100个。

这种简化的组织结构可以推动信息在更短的时间内实现分享和流动，有效避免了因信息流通不顺畅而产生的问题。除了运行扁平外的组织结构外，谷歌还设计和运行民主自由的管理体制，在这种管理体制之下，员工拥有极大的话语权，同时还可以自由掌控自己的时间，可以根据自己的兴趣选择要开展的项目。在进行重要决策的时候，谷歌会邀请所有的利益相关方一起进行深度协商，并最终达成一致意见。

谷歌可以在很短的时间内推出新的产品或者版本，这主要得益于其优秀的开发团队，在产品开发过程中，谷歌拥有的数千名工程师会根据项目需要组成不同的开发团队，每一个团队大概由3～6人组成，负责不同项目中的工作，通常每一个项目运作的时间都不会超过6周。

案例

小米的扁平化组织结构

小米公司于2010年4月底成立，不足5年时间，从MIUI开始到小米手机的推出，再到智能家电的布局。小米公司已经成为中国互联网创新企业标杆。

小米的三三法则当中，提出了明确的三个战略。“做爆品”“做粉丝”“做自媒体”。围绕着这三个战略，又构建了三个战术，“开放参与结点”“设计交互方式”和“扩散口碑事件”。

基于此，小米围绕着怎么与用户做朋友，怎么充分地让用户参与到企业经营决策中，构建了它与用户保持零距离的一个扁平化的组织架构（图6–3）。

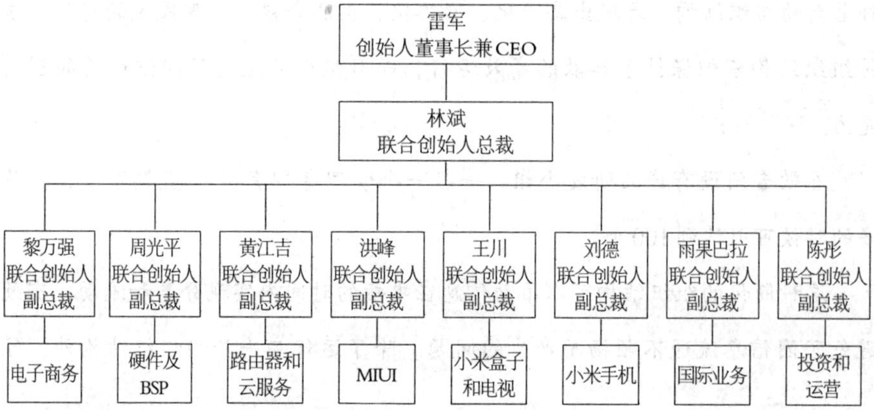

图6–3　小米的合伙人团队组织架构

图6-3就是小米的“互联网+”的扁平化组织，小米采取了非常扁平的三层组织架构。

也就是以小米的核心合伙人，作为最高的一级管理层次。中间就是各个主管，而最底下就是员工，由员工直接面对用户。

小米的合伙人在吸收了雨果巴拉、陈彤等加入之后，正式构建了围绕小米生态体系的一个合伙人核心管理团队。

黎万强领导电子商务运营、营销、推广团队；周光平领导硬件和BSP团队；黄江吉领导路由器和云服务团队；洪锋领导MIUI团队；王川领导小米盒子和小米电视团队；刘德领导小米手机的工业设计和生态链；雨果巴拉领导国际业务和安卓战略合作团队；陈彤领导小米内容和投资运营团队。

这样一个团队，直接对接的就是一些核心的中层部门经理。再由中层带着几个直接的员工，构成了这样的一个由合伙人、中层到员工的三层扁平化的组织结构。

从社会发展现状看，扁平化越来越适合高度网络化和信息化的大环境，因为整个世界在扁平化，以前很难想象，一个人在家里只要一上网就有可能和世界任何地方的任何一个人做生意。公司的高层也完全可以随时召开网络视频会议来和不同地方的下属开会。这个模式适合部门比较多的大企业，公司高层直接针对各具体部门负责人下达指令，并且方便各部门集中讨论战略事宜，信息沟通和反馈效率高，避免了金字塔型模式可能形成的内部官僚作风。但是如果领导管理不当，也会造成部门之间的矛盾和互相掣肘，所以说任何模式的执行效果好坏决定于管理者的专业度和职业道德。

扁平化管理的核心是提高公司的竞争效率，公司在实施扁平化管理过程中要注意以下几点：

1. 进行文化和管理理论的创新

在我们国家很多公司还都存在“民可使由之，不可使知之”的“上智下愚”的传统文化，这自然就造就了金字塔式森严的等级制度。虽然公司在形式上设立扁平化组织结构非常简单，但是如果上级不能把权力交给其他人，下级仍需事事请示，那就会出现徒有其表的扁平化，对公司没有促进作用。因此，如果公司想顺利实施组织扁平化，就必须进行有效的文化和管理理论的创新。

2. 以用户为中心，建立事业体

很多公司都存在着这样的问题：公司做大之后，如何有效消除内部敌人，破除大公司病，保持小公司的灵活性和创新精神。

案例

从2012年开始，腾讯就不再以业务模式为中心或者以合伙人模式为中心，而是转为强调以用户为中心，建立事业体的组织结构调整。

时至今日，腾讯的组织结构出现了很大的变化，形成了七大事业群，包括社交、技术工程、网络和互动娱乐等媒体事业群。各个事业群都是独立的存在，都是围绕用户来整合各种资源，真正建立以用户为导向的事业体。最突出的特点是这几个事业群里也不是金字塔式的管理，而是基于用户群体形成大项目里套小项目的项目合作制，而且一个事业群里有无数个项目组在合作。

6.2 股权结构

6.2.1 身股

身股源于几个世纪前的晋商，当时又称为“顶身股”。大家都熟悉的一部热播的电视连续剧——《乔家大院》，剧中就有“身股”这个说法。它是指出资人有条件赠予部分员工的股份。身股拥有一般股份的分红权，但没有继承、转让和表决权，因此有时也被称为“分红股”。

延伸阅读——晋商文化

在晋商时代，据记载：“一个小伙计入号，先得当三年学徒，做一些侍候掌柜之类的粗活，闲暇时学习打算盘、练毛笔字，而字号光管饭，不给工钱。满徒后，按月发给薪资，但还顶不上身股。起码等三个账期以后（大约需要10年），工作勤勤恳恳，没有出现重大过失，经掌柜向东家推荐，各股东认可，才可以顶身股。”“伙计的身股从一二厘顶起，慢慢增加。每次增加的身股，记入‘万金账’，予以确认。能顶到七八厘，就可能被提拔为三掌柜、二掌柜，就有大出息了。”因此，当时那一带有谚语说：“做官的入了阁，不如在茶票庄当了客。”可见当时身股有多大的诱惑力！

身股分红也比较科学，每逢账期（一般3～5年为一个账期）结算，发放红利。但是需要提取“花红”，即损失赔偿准备金。像山西票号，会按纯利润的一定比例分给各分号经理一定数额的“花红”，此项花红要积存在号中，并支付一定的利息，等到分号经理出号时才返还。这就不仅可以增强分号经理们的风险意识，一旦出现事故，分号经理也有一定的资金可以填补损失。

身股并非“一劳永逸”，如果顶上身股后发生了重大过失，还可酌情扣除，直至开除。

6.2.2　银股

银股的概念也源于几个世纪前的晋商，是指出资者拥有的股权。银股不仅拥有分红权，还拥有相应的转让、继承和表决权。银股所有者是公司的掌控方，基本等同于现在工商注册中的股份。目前，企业银股通常是以低于实际价值的方式许可员工购买，所以一般都附加严格的获得条件和退出机制，从某种意义上说，就是银股。

6.2.3　期权

期权的概念则源于西方，是一种选择权利。期权激励的对象主要是公司的高级管理人员，这些员工在公司中是举足轻重的，他们掌握着公司的日常决策和经营权，因此是激励的重点。另外，技术骨干也是激励的主要对象。

拥有期权的“投资者”可以在规定时期内的任何时候，以事先确定好的价格（协定价格），向期权的发售方买入或卖出一定数量的“股权商品”，从而变现；在此期间，不论该“商品”的价格如何变化，期权合约则是对期限、协定价格、交易数量、种类等都做出了约定；在有效期内，买主可以自由选择行使转卖权利；如认为不利，则可以放弃这一权利；超过规定期限，合同失效，买主的期权也自动失效。

案例

百果园是一家以水果为主导的连锁企业。2002年，百果园第一家水果特许连锁专卖店在深圳开业，经过10多年的摸索，发展成为布局上下游产业链的综合型连锁企业。到2021年，百果园门店数量达4000多家，年营收100多亿元。

对于连锁行业来说，如何快速地布局市场，形成一定的品牌影响力，在市场上站住脚、稳住根，显得尤为重要。

传统的连锁企业开店的主要方式是直营和加盟。直营开店对企业来说，资金压力非常大。而传统的连锁加盟模式，连锁企业和加盟商是松散的合作关系，对于加盟商而言，他们只是取得了连锁品牌使用权，通常不会完全按照连锁企业设定的方式去经营，再加上市场有很多不确定的因素，不少加盟商也多为短期行为，导致在经营上经常出现问题，给整个连锁品牌造成极大的负面影响。

为了规避直营和传统加盟模式的风险，实现店面的快速拓展和高效运营，百果园创新商业模式，采用“平台+合伙人”模式，公司做平台，员工做创客，让店长成为投资主体，并负责店面经营。

一、百果园“平台+合伙人”模式

百果园总部打造供应链服务平台，负责整个平台运营。百果园的门店采用店长合伙制，由多方投资，并参与运营，投资方设为：公司片区管理者，大区加盟商和店长：

（1）店长投资并占股80%，主要负责门店的经营工作；

（2）片区管理者投资并占股17%，主要负责片区门店的管理；

（3）大区加盟商投资并占股3%，主要负责门店的选址；

（4）百果园总部不出资，不占股，不收加盟费，无商品差价，主要负责连锁系统的管理、运营、人才输出、品牌运营、人员培养、培训、门店运营等工作。

百果园与员工合伙，员工实际成了门店的投资者，这样能最大限度地激发员工的潜能和积极性。同时，员工在努力为自己做事情的过程中享受相应的收益。从百果园的角度来看，店长合伙制解决了开店资金投入的问题，还可以通过员工管理实现自上而下的一致性运营，激发员工的积极性，提升门店运营效率，降低门店运营成本。

百果园的模式无疑是成功的，我们来拆分一下它的模式结构：

（1）门店的股权结构是怎么样的？谁是经营者？

（2）对于店长的考核有什么？

（3）如果门店亏损了怎么办？风险谁来承担？

（4）门店合伙人想要退出，退出机制如何设计？

二、门店股权结构

实际上在百果园的运营管理中，参与门店投资的有三方：公司片区管理者、大区加盟商和店长。门店股权结构及分工如表6–1。

表6–1　门店股权结构及分工

单个门店参与方	单店资金投入	承担工作
大区加盟商	3%	门店选址，门店法人
片区管理者	17%	片区门店管理
店长	80%	门店经营

每年利润分配，百果园收取30%，其余70%按门店股权结构分配。

三、店长培养计划

百果园对门店考核，要求每家门店一年要为公司输出一名新店长（合伙人）人选。一般而言，成为店长的培训周期为8个月到1年，公司根据实际情况看门店培养出的新店长是否符合要求，进而决定其能否投资管理新店铺。

四、补贴门店亏损

百果园店长合伙人制最有吸引力的一点是，门店若亏损，由百果园承担。具体政策如下：

1. 百果园不收特许加盟费，收益来自门店每年利润的30%分成；

2. 不依靠商品差价收益，百果园从门店获得的利润分成占百果园总利润的80%左右；

3. 设立分红基数，6400元分红基础利润，基础利润根据门店运营情况一年一评定；

4. 加盟店若亏损，亏损额由百果园承担，3年后若还亏损，则评估是否闭店。

五、门店股权退出机制

百果园店长合伙人制，店长股权是动态变化的，既可以进，也可以退，根据门店的经营价值，店长股权退出时，店长早期投入资金按原数返还，同时可一次性获得门店分红收益的3倍补偿。

比如，店长从一家门店获得的年分红收益是10万元，要让他放弃这家门店的股份，去开拓新市场，百果园一次性补偿给他30万元，相当于这家门店未来3年的收益，同时早期投入资金原数返还。

六、从百果园的门店合伙模式我们可以总结出以下几点

1. 店长参与门店投资创新模式

从员工角度来说，店长合伙人制，店长实际成为门店的投资者，享受经营收益。从百果园角度来说，既能解决开店资金投入问题，又能通过员工管理实现自上而下的一致性运营，还能提升员工工作效率，降低门店运营成本。同时，每家门店每年培养1名新店长，解决了公司难以快速培养新店长的问题，为快速开拓新门店奠定基础。

2. 百果园亏损补贴是政策保障

百果园亏损补贴政策对门店参与各方很有吸引力，无须担心经营风险，亏损补贴政策能刺激门店投资各方“投入”，进而赋予了百果园的“类直营”模式有很好的复制性。

3. 股权退出机制是加速器

由于采用合伙人模式，让加盟商员工化，需要配套门店股权退出机制才能让模式“滚动”起来。店长、员工需要上升通道。能力强、有更多零售经验的店长，需要更多发挥自身价值，开拓新市场，承担更多“挑战”。但这些能力强的店长在原有门店能获得很好的收益，通常都不太愿意将原有门店的股份让给新店长。因此，从制度设计上，要鼓励能力强的店长勇于挑战。“退出机制”实际相当于门店拓展“加速器”，让更优秀的员工冲锋在市场一线，提升门店拓展成功率。

七、培养人才，推动新店拓展与运营

对于连锁企业来说，要实现快速拓展，高效运营，还必须找到优秀的人才。百果园的店长合伙模式，对门店的盈利不做硬性考核，但是将店长的收益与培养人才结合，要求每家门店一年要为公司输出一名新店长（合伙人）。这样一来，百果园形成了一个集合伙人机制、晋升通道、人才培养体系于一体的

系统链条，确保了门店的快速拓展和高效运营。

在创新“平台+合伙人”的新商业模式下，2015年，百果园获得4亿元A轮融资；2018年，再次获得15亿元的B轮融资。截至2021年，百果园在全国80多个城市拥有4000多家门店，并在全国设立了几十个全温区大型仓储点位，2019年实现销售额120多亿元，其中线上销售额十几亿元，市场份额在水果零售中居全行业第一位。

创业者说

如果产品被市场认可，模式被验证，并且可以快速复制，行业天花板很高，团队中又有行业明星级的成员，那就是你获得风险资本的时候了。风险资本是聪明的钱，可以为创业者提供诸多资金之外的帮助。不过，有时候风投可能看不懂你的项目，他们也可能犯错误。

6.3 激励机制

在合伙制公司里，除了创始人和联合创始人拥有大量的股份，还应该预留部分股权用于激励优秀的员工——或让他们入股成为公司的合伙人，或对他们进行股权激励。其目的就是留住核心人才，使其与企业结成利益共同体，从而实现企业持续、稳定的效益增长。

在传统企业中，如果老板的心情好，真心实意想留住一些优秀的员工，往往会给员工一些“甜头”，比如对员工进行金钱奖励，以此与员工建立起利益共同体。然而，这样的利益共同体只是表面上的，员工分享的是现在可以分享的利益，公司未来的利益与员工没有关系。即便是现在的利益也是因老板的心情而定，老板说给奖金就有，说不给就没有。

不管老板规划的公司的蓝图多么美好，员工都不会当真；同样，不管老板告诉员工公司未来存在多大的风险和困难，员工也不会往心里去，大不了重新找份工作而已，这就是现实。其实双方都很清楚，此时的员工和老板的关系是简单的雇佣关系，不是一个真正的利益共同体。所以，对于公司老板来讲要想留住人才，必须把公司的利益和员工的利益统一起来，股权激励就是最好的方式。

案例

我曾经遇到过这样一个学员，当时他在北京听我的培训课，课程结束那天，大家一起吃饭，那位学员忘记了时间，等他想起来当晚要坐火车赶回去时，才发现离发车只有50分钟了，而他距离火车站有1个小时的路程，于是他决定支付50元车费让出租车司机准点送他到车站。我就劝他第二天再走，他说第二天有个重要的活动，一定要赶回公司。就这样，他和我们告别了。

假设这个老板第二天参加的活动带来的直接或间接的收益为1万元，那么，从这个事件中，我们可以得出这样的结论：如果老板不给出租车司机50元的激励，出租车司机不可能想尽办法在规定的时间内送他到火车站，那么这个老板耽误了第二天的活动，也就失去了收益；而出租车司机多得了50元的收益，这个老板就会有1万元的收益。再仔细分析，你会发现：出租车司机得到的50元收益，实际上是从明天的1万元的收益中提前支付的。这就好比股权激励，都是用明天的钱激励今天的员工。员工得到激励之后，努力工作，才能创造明天的财富——既是为自己创造财富，更是为公司创造财富。在这个案例中，尽管司机贡献最大，得到的其实也不多，但是他却很开心，而这个老板收益很大。这就是股权激励的优点——能够带来双赢。

1. 股权激励是拿出增量激励人，而不是用存量激励人

股权激励的目的是让大家把公司的业绩做大，做增量业绩。在这个过程中，通过设定预期目标或一些绩效，来激励员工为公司创造更大的价值或做更大的贡献，然后，从这些贡献中分出一部分给员工。所以，股权激励是先有贡献、后有激励。股权激励分给员工的并不是老板的股份，而是公司明天的股份：是拿出增量激励人，而不是用存量激励人（如果用存量激励人，那就不是股权激励，而是“大锅饭”式的平均主义）。另外，虽然公司明天的股份是员工与老板一起创造的，但更多的是员工创造的，而员工只从创造的价值中获得很小的一部分。

2. 股权激励可以让被激励的员工拥有独立的人格

股权激励既可以让企业老板拥有独立的人格，也可以让员工拥有独立的人格，让员工有共同参与的意识。江苏有一家企业推行股权激励多年，该企业老板说：“我们很幸运，碰到了一批优秀的员工，他们也很幸运，碰到了我们这样的公司。”这句话背后蕴含了太多的信任与情感。这种信任与情感，正是通过股权激励建立起来的。员工有了公司的股权，才真正把自己当成公司的主人，才更加容易平等地与人交往，更加信赖同事与领导。

当企业把股份给了员工，员工就变成了公司的股东，这种身份的转变会唤醒员工的主人翁意识，会让他们产生强烈的参与意识。

这一点相信很多老板都有体会：当你和员工讨论事情时，他们往往不会和你争论，你说什么就是什么——他们对你的决策是不是心口如一的赞成，你根本不知道。而当你把股份给了员工后，员工对公司的关注和以前就不一样了。对于你的意见、决策，他们不再随声附和，而是会切实地为公司考虑。虽然这种情况对公司老板的权威有所削弱，但对公司的发展十分有利。通过唤醒员工的主人翁意识，可以快速建立起优秀的管理团队。

3. 股权激励对员工有较强的表达力

在所有的激励方式中，唯有股权既有激励性，又有约束力。对员工而言，股权激励是在告诉员工：只要你好好干，你就会得到你想要的；如果你不好好干，那可能什么都没有。即便员工分到了股权，公司也可以通过多种限制条件来约束员工的不良行为。股权激励能让员工自发地去工作，因为他的股份与公司的股份是捆绑的关系，一荣俱荣，一损俱损，即便员工不考虑公司的利益，也要考虑自己的利益。所以，股权激励带给员工的驱动力是源于内在的，带给员工的约束力也是源于内在的。

课堂讨论

1. 百果园的股份设计形式，给你的启发是什么?
2. 身份、银股、期权的区别是什么? 试分析一下你的拟创业项目可以采用哪种股权方式呢？

第7章

初创企业你要选哪种商业模式

本章内容导学

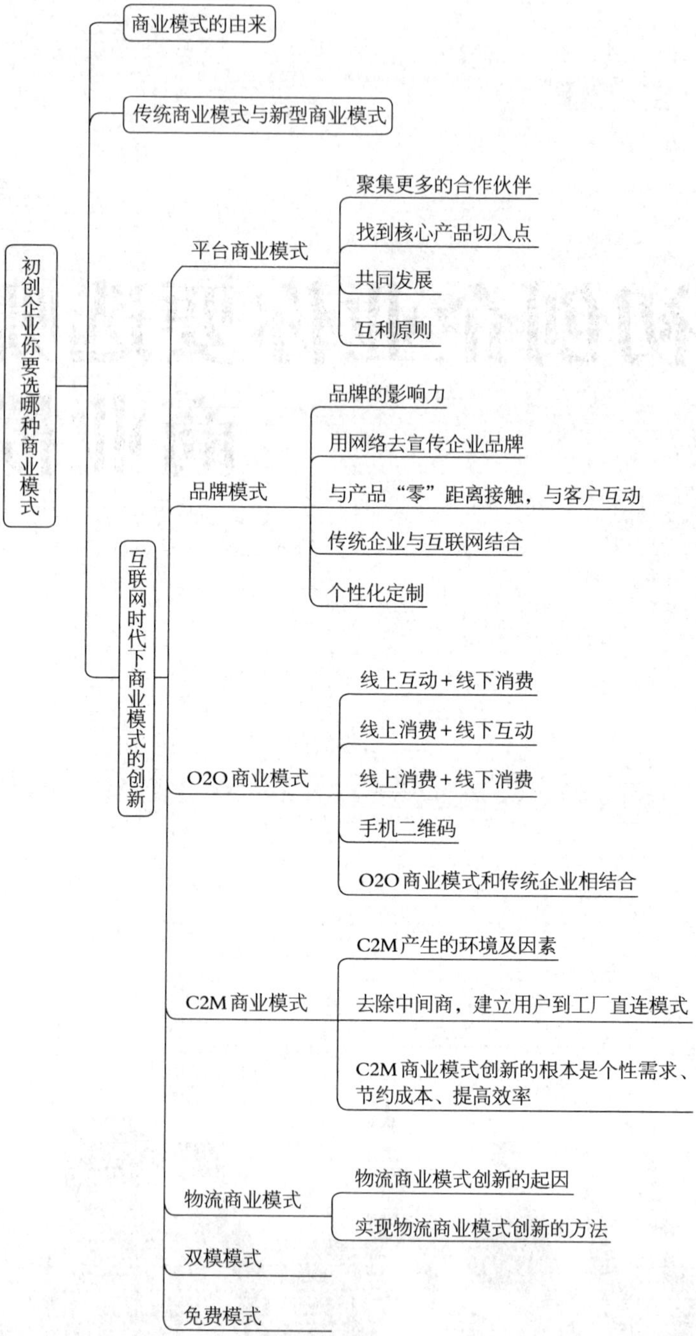
初创企业你要选哪种商业模式
商业模式的由来
传统商业模式与新型商业模式
互联网时代下商业模式的创新
平台商业模式
聚集更多的合作伙伴
找到核心产品切入点
共同发展
互利原则
品牌模式
品牌的影响力
用网络去宣传企业品牌
与产品“零”距离接触，与客户互动
传统企业与互联网结合
个性化定制
O2O商业模式
线上互动+线下消费
线上消费+线下互动
线上消费+线下消费
手机二维码
O2O商业模式和传统企业相结合
C2M商业模式
C2M产生的环境及因素
去除中间商，建立用户到工厂直连模式
C2M商业模式创新的根本是个性需求、节约成本、提高效率
物流商业模式
物流商业模式创新的起因
实现物流商业模式创新的方法
双模模式
免费模式

案例

中国鞋业之王

百丽鞋业是中国鞋业之王。中国女鞋品牌前十名中有四个属于百丽公司旗下品牌，即 Belle（百丽）、Teenmix（天美意）、Tata（他她）、Staccato（思加图）。此外，百丽公司还代理着28个鞋类品牌，包括Bata、ELLE、BCBG、Mephisto、Geox、Clarks、Merrell 等。百丽亦是中国体育用品最大零售商之一，代理的运动服饰品牌有Nike、Adidas、LI-NING 等；同时也代理休闲牛仔品牌Levis。

在收购了中国著名的男鞋品牌江苏森达后，百丽鞋不仅吸引了众多女性，也虏获了大批男性。尤其百丽公司在百货商场进行控盘以后，顾客最终选的几乎都是百丽公司的产品。百丽公司鞋业的综合毛利率也一度达到62%，远远高于其他同行企业。

百丽的突破实现

百丽公司之所以能够实现如此大的突破，源自在零售终端实现了控盘。

在中国，71%的品牌女鞋来自百货商场，而百丽通过四个自有品牌控制了百货商场的零售终端。因此，几乎在每个百货商场不同品牌专柜的背后，都有百丽公司的影子。

百丽商业模式的核心

百丽公司不是靠单一的产品获得利润，靠的是商业模式。正如管理学大师彼得·德鲁克所讲的，“21世纪企业的竞争，不再是产品、价格与服务之间的竞争，而是商业模式之间的竞争。”百丽非常经典地体现了这个价值观念。

牢牢地控制终端

百丽的广告很少，看似默默无闻，实际上却牢牢地控制了零售终端。很多百货商场的女鞋专柜，几乎一半的商品归属于百丽公司，而百丽就通过控制终端，牢牢地控制住客户。

由于百丽所控制的终端，同行和其他产品公司都很难进入，因此，百丽公司的利润是传统鞋业公司的10倍，其所运用的商业模式可以持续发展10年，甚至更久。

7.1 商业模式的由来

早在20世纪50年代就有人提出了“商业模式”的概念，但直到40年后（20世纪90年代）才流行开来。泰莫斯将商业模式定义为一个完整的产品、服务和信息流体系，包括每个参与者及其起到的作用，还包括每个参与者的潜在利益和相应的收益来源与方式。“商业模式”简单地说，就是赚钱的方法或方式。

“商业模式”这一概念及其相关术语由来已久，它之所以能在众多商业概念的“大浪淘沙”中留存至今且历久弥新，主要因为它回答了“组织如何持续获取竞争优势”和“组织如何进行革新”这两个关键问题。正如人们常说的，方向比努力更重要，选对了路，就不怕路途遥远；选对了路，路途也不再遥远。“商业模式”不成熟一直都是创业失败率居高不下的一个重要原因。真实的企业发展与商业进步，让我们意识到：21世纪企业之间的竞争，已经不是产品与价格的竞争，甚至不是服务的竞争，而是“商业模式”的竞争。

商业一定是源于实践的，没有经营与管理实践上的成效，我们无法真正获得经验并得出结论。商业的本质是这么一个循环往复的活动——为把价值交付社会、市场、顾客而撰写‘剧本’（设计方案），在帮助社会、市场和顾客持续发展的同时，赚取自身持续发展的“利润”，再把它回馈给整个社会。

企业初创之际我们就应该培养正确的商业思维，什么是商业思维？比如，技术只不过是实现顾客价值（目的）的手段（HOW）而已，我们要思考的问题是——“对于顾客来说，采用技术能实现什么样的（WHAT）价值？”“为什么（WHY）要提供这样的技术？”

商品的价格并不是越便宜越好。很多企业在做“商业模式”立项时，都会犯一个错误——“越便宜越好卖”。当然，如果价格低，又具有战略性的竞争力，那当然好。可是，不能一味追求“低价格”。真的“贵就卖不出去”吗？

案例

给大家举个例子：假设有两颗同样卖10元的“水果糖”。在A和B两人把糖含在嘴里的瞬间，A赞叹道：“啊！真好吃！”而B却说：“哇！好难吃！”这时的A、B两人，对于“价格”同样是10元的水果糖，他们认可的“价值”会一样吗？A会觉得这10元的价格“便宜”，而B会觉得“贵”。也就是说，“价格”和“价值”会因状况或人的不同而大相径庭。基于这种差异，如果商人对A说：“你好好看看你现在什么样！感冒越来越严重了不是？喉咙痛吧？药呢很苦，可是这种糖虽然对你来说不够甜，但它能治好喉咙又不难吃。”——这样以10元卖给A的话，因为喉咙痛治好了，而且因“不苦！好吃！”的价值，A会觉得10元的价格很“便宜”。可是，对于没有感冒，喉咙也不痛的B来说，作为水果糖，其甜味不够，不好吃，从而认为其价格“贵”也是理所当然的。

在思考商业的“价值”时，关键是要看“对方是谁”。我们在思考如何“盈利”时，关键是要把“谁会愿意付钱来买？顾客满意吗？自己能赚吗？”这一系列的问题结构化，这就是商业。重要的是如何创建这种盈利结构。为此，针对顾客、竞争对手和本公司的变化，率先创建持续向上的成长周期就变得非常重要。在创建这样的成长周期的过程中，“思考如何变革为盈利的企业结构”就是“商业模式思维”。

遵守“三方共赢”的原则，是创建良好商业模式的起点。从已有的商家手上以价格优势夺取市场份额，以不为人称道的手段加入竞争行列，这些做法都是不能持久的。所谓“商业模式”，一言以蔽之，就是“把针对市场所做的策略和机制结合在一起的盈利结构”。

7.2 传统商业模式与新型商业模式

传统的商业模式是先投入，后赚钱。即原料采购 → 制造加工 → 物流库存 → 市场投入 → 渠道建设 → 客户成交 → 赚到利润 → 循环投入（破产跑路）。

传统的商业模式主要关注企业与用户、供应商及其他合作伙伴的关系，批发商和零售商是实现流通必不可少的环节，商品从生产商到达消费者的手中，必须经过批发商和零售商。批发商在商品流通过程中，起到承上启下的作用，各级批发商从上级进货，买断上级的商品所有权，再卖给消费者，从中赚取差价。他们代理销售的品牌数量有限，供货渠道较稳定。在传统商业模式下，交易都是具体的实体交易，交易透明，因此也被称为有形市场。

新型商业模式是交易未来、交易权利，包括产品预销权、市场开发权、品牌授权、专利技术权、股权认购权、原料采购、制造加工、物流库存、市场投入、渠道建设。

未来5年内个体户大部分会消失，取而代之的将是商业模式创新的公司。过去的成功靠机会，未来的成功靠模式转换。未来企业的竞争将是商业模式的竞争。统计表明，全球超过60%的成功创新来自商业模式的创新。即使企业采用的都是相同的技术，但如果商业模式不同，那么其财务结果与资本市场价值也将完全不同。所以，得商业模式与资本者，得天下。商业模式创新是大企业转瞬衰败的首因、小企业迅速超越的拐点。

可以说，商业模式是比产品、技术和品牌更重要的企业“命脉”。企业经营需要有前后次序、轻重缓急，所以，企业经营首先应解决商业模式的创新问题，而后再逐步落实产品、技术、品牌等支撑。如果作为企业经营原点的商业模式不能进行创新，企业成长也只能是痴人说梦。因此，在商业经营过程中，学习和研究商业模式是最为紧迫且重要的。

投资人说

商业从属于市场，在市场框架之下所出现的一种形式，除了商业之外还有非商业形式，比如，非营利性组织，其并不是通过商业的方式创造价值，而是具备一定使命去完成某项事业的。所以，从市场的角度去理解商业就是在市场中以营利为目的、交易为核心，在合法的框架下进行价值创造的方式。

7.3 互联网时代下商业模式的创新

7.3.1 平台商业模式

平台模式就是构建多主体共享的商业生态系统，产生网络效应，实现多主体共赢的一种战略。它属于行业和价值链层级的代表模式，吸引大量关键资源，实现跨界整合，并能以最快的速度整合资源，使企业家将眼光从企业内部转向企业外部，思考行业甚至跨行业的机遇和战略。

案例

海尔做成了一个创业的平台：海尔希望把所有的家电都变成互联网的终端，连起来以后，变成一个智慧家庭。海尔这个平台上可能会有很多小企业，它们成为自主经营体，每个自主经营体和其他组织联合，变成一个利益共同体。

移动互联网时代，平台模式完全普及，它打破了传统产业的分工，而在发展过程中，平台就成了一个新的手段。企业借助平台向用户推送各类应用和信息，以实现盈利。移动互联网产业实际上已经成了一种平台化的产业，它给所有的参与者新的自由空间，很多企业选择了搭建自己的平台，或者联合在一个优质平台之下，这就形成了一个新的产业体系。

我们常见的平台有很多，例如，Android 操作平台、微信平台、新浪微博平台、阿里巴巴电子商务平台等，应用商店有App Store、MM交易平台，诸如此类不胜枚举。那么如何去搭建一个优秀的平台？

1. 聚集更多的合作伙伴

针对所有有意的合作者或者客户进行开放，吸引更多的合作伙伴，合作伙伴越多，平台就越有价值，如淘宝网、亚马逊、360 等。平台商业模式服务于某类人群，而这必须有足够多的用户，只有这样，用户才会获得更多的交流机会，使信息交互的范围更加广泛，信息交互的次数更加频繁。

平台企业为买卖双方提供服务，促成交易，并且进行有效的组织管理和市场维护。在平台上，无论是买方的数量增加还是卖方的数量增加，都能吸引另外一方数量上的增加，这样就能充分显现平台的价值。

2. 找到核心产品切入点

平台企业应该具有一定的核心竞争力，而核心能力包含的内容很多，如品牌影响力、渠道能力、运营能力、管理能力、充足资金等。

据统计，全球知名公司中，有一大部分收入来自平台商务。平台型商业模式一定要找到核心产品作为切入点，这是平台模式的基础。

3. 共同发展

平台企业与其合作伙伴不存在产品之间的竞争，两者应该有自己不同的盈利模式和市场目标。也就是自己不开发任何的产品和服务，只需要企业搭建一个交易平台，通过强化平台运营和管理，汇聚内容开发者以及其他合作伙伴，并通过合作分成、前向内容收费、后向广告收费等方式实现盈利。

4. 互利原则

平台企业通过开发、管理平台，能为合作伙伴带来经济效益，这样才能共同发展，建立持续良性的发展平台。用无限生产满足无限需求，不仅可以降低成本，还实现了收入倍增、盈利倍增。平台型商业模式的企业要有维持生产和需求双方能够互动运转起来的约定和规则。

运营商的平台模式要成功，就必须做好战略定位，通过模式创新、市场创新来实现成功。我们知道淘宝是国内最早也是做得最好的一个开放性平台，无论你从事什么职业，卖什么产品，只要客户认可，淘宝认可，都可以拿到淘宝上去卖，都可以在淘宝上面展示你的能力。淘宝是面向第三方的开放式电子商务服务基础服务框架，其宗旨是以开放API（应用程序编程接口）为契机，形成一个多接口的开放性平台，聚集大量的合作伙伴成为一个商业生态系统。

7.3.2　品牌模式

案例

2017年，BrandZ（全球最具价值品牌百强榜）中，谷歌、苹果、微软、亚马逊、Facebook、AT&T、Visa、腾讯、IBM、麦当劳占据了十强席位。腾讯首次超过IBM、麦当劳。榜单称，腾讯品牌价值比2016年增长27%，增幅与Facebook并列第二，仅次于亚马逊。社交平台微信高速增长，腾讯品牌价值也增长27%，达到1083亿美元。腾讯一直为用户提供“一站式在线生活服务”，为价值定位坚持以用户价值为中心，通过模仿再创新，如今，腾讯成为中国最大的网络社区，满足了互联网用户沟通、资讯、娱乐、购物等方面的需求，一跃成为我国市值最大的互联网公司。

品牌是一种识别标志，一种精神象征，一种价值理念，是品质优异的核心体现。现代意义上的品牌，是指消费者和产品之间的全部体验，是能够给消费者带来溢价、产生增值的一种无形资产。

品牌经营模式就是把品牌当成一种独立的“虚拟资产”进行经营并获得长期收益的一种网络化、虚拟化、知识化的经营模式。品牌经营模式是在对企业核心能力与核心资源、市场环境和消费者趋势进行分析的基础上建立的一套品牌经营系统。在移动互联网时代，企业的品牌模式是企业持续发展的重要动力，企业要强大，必须高度重视品牌经营，这是企业竞争的最高境界，也是企业适应互联网市场变化的最基本要求，也是必由之路。

“无品牌做不大，无品牌难立足”，品牌模式建设是互联网公司快速成长的重要保障，已成为企业发展的共识。在互联网时代，品牌模式建设是一个漫长的过程，打造有影响力的品牌是一项艰巨的任务，想要企业赢得更多消费者的认同，只要从产品做起，注重客户体验、强化品牌经营、丰富品牌文化内涵、明确品牌定位、树立品牌形象等，把品牌模式建设纳入企业长期发展的规划当中，就一定能在移动互联网时代获得更好、更快的发展。

1. 品牌的影响力

品牌名称不仅可以引起消费者的独特联想，还可以准确反映品牌的特点，有强烈的冲击力，刺激消费者的消费心理，增强消费者的信任感。对于企业而言，还可以提升自已和产品的形象。就像我们看到华为、小米、苹果就能想到手机，看到腾讯就能想起QQ，看到二维码就能想到微信、支付宝，看到亚马逊、当当就能想到网上书店，看到百度就能联想到无所不能的“度娘”，看到阿里巴巴、淘宝、京东就能想起购物，等等，这些品牌都具有冲击力，能够使人产生品牌联想，也影响着人们思维模式。

2. 用网络去宣传企业品牌

以前，传统企业是单纯的买卖关系，而客户对产品的了解是比较单一的过程，客户了解产品的信息非常滞后，特别是了解新产品的信息只能依靠电视、广播、报纸、户外广告、杂志等。

在互联网时代，传统的传播途径已经远远跟不上网络的步伐了，如微信、微博、博客、社区论坛、视频、邮件、社群、空间、知道、贴吧、文库、百科、黄页展示等。新的媒介更新了企业的宣传方式，开启了宣传的无限可能性。

3. 与产品“零”距离接触，与客户互动

亚洲最大最成功的购物网站——淘宝网，就是让消费者购买前可以与卖家沟通，付款到第三方平台，物流信息查询商品运输情况，不满意退款退货，购买后还可以评价商品使用感受。以顾客为中心的经营模式，吸引了亿万消费者在其网站选购商品。互联网平台可以让客户与企业“零”距离接触，客户在互联网上购买产品，可以随时进行购买，同时还可以享受平台企业优质的售后服务，此时企业和客户可以直接进行沟通互动，这就不再是单纯的买卖关系了。

4. 传统企业与互联网结合

传统企业品牌根深蒂固，已经影响了中国一代历史的进程，在互联网时代，如果传统企业能和互联网及时结合，利用传统品牌的优势，不仅能立于不败之地，还能更好地提高自身品牌创新。互联网与传统行业的融合，“新事物取代旧事物”是大势所趋。

互联网时代，很多大企业纷纷加入电商行列，走传统商业与电子商务联合运营的道路。例如，国美和苏宁等大型传统电器销售企业线上线下销售产品，使渠道调整扩展，使顾客能在全购物场景之间自由穿行。

5. 个性化定制

个性化的产品，是企业形成互联网品牌的成功关键。阿里巴巴集团用了15年成为中国互联网第一品牌。Google这个互联网的商业奇迹，仅仅用了10年，从一个小不点成长为一个帝国。苹果公司成立至今不到40年，成为目前最成功的品牌。互联网时代，产品的周期太短，而企业可以凭借个性化的产品横空出世，无须漫长的积累等待，个性化的产品是企业形成互联网品牌的关键。

7.3.3　O2O商业模式

案例

绫致时装是丹麦bestseller在中国的全资子公司，于1996年进入中国。bestseller于1975年始建于丹麦，创始人为Troels Holch Povlsen。

作为最早进入中国的服装企业，绫致旗下的only、jack jones、vero moda、selected一直在中国市场上拥有很高的销量，在全中国覆盖300多个城市，有

6000多家门店。自2012年绫致就遭遇了店铺客流下滑明显、客户体验单一、客流转化率低的问题。因此，绫致借助与腾讯、微信合作，大玩了一把O2O。

微信给予绫致场景和底层数据上的支持——IBS导流向店铺，然后通过服装吊牌上的二维码，打通用户与线下商铺之间的通路，CRM、库存管理等数据管理模块被激活。

这位用户是不是会员，他/她之前买过或“扫”过哪些货品，更偏爱立领还是圆领，条纹控还是格子控……一系列的划分都会传送到导购客户端上，如此，导购员可以适时地介入，提供有针对性的建议。同时，用户自己也可以在手机上查看推荐的搭配，自娱自乐。会员满意，可以在手机上下单，若有犹豫，也可将相关资料收藏，回家再请家人、密友参考，最终再决定买或不买。

从这个模型中可以看出，用户在店铺中的5～15分钟成为是否购买的关键。从引流、驻流到转化，二维码是链接买卖的语言，数据是贯通买卖的主线，这段时间，通过各种手段促销。买卖不成，情谊在，只要用户的微信链接在手，数据在手，品牌还可以玩个性化导购、促销、预约试衣。总之，是将人黏在品牌的平台上，感情线通了，不怕带不来销量。

O2O即Online To Online，这个概念最早来源于美国，是指将线下的商务机会与互联网结合，让互联网成为线下交易的平台，把线上的消费者带到现实的商店中去，真正使线上的虚拟经济和线下的实体经济融为一体。O2O的概念非常广泛，只要产业链中既可涉及线上，又可涉及线下，就可通称为O2O。

O2O商业模式的关键点是在网络平台上吸引消费者，然后将他们带到现实的商店中。它是支付模式和为店主创造客流量的一种结合，对消费者来说也是一种“发现”机制，实现了线下的购买，这就对线下服务提出了更高的要求。这种模式应该说更偏向于线下，更有利于消费者，让消费者感觉消费得更踏实。

O2O模式成功案例中最有创意的就是黄太吉。黄太吉是2012年在北京成立的中式快餐食品公司。煎饼是我们最常见的一种小吃，在城市里工作的人经常将它当作早餐吃，经常都是推着三轮车来卖的。但就是这不起眼的煎饼，黄太吉却把它带到了北京的CBD，还卖出了10元一张的惊人价格。

在只有16个座位的煎饼店里面，黄太吉免费提供无线商务服务，店主希望在这里吃煎饼的每位顾客把自己的建议和感受分享出去，而就是营造这样的“分享”氛围，达到线上线下打通的效果。人们看到微博、微信上有人在送情人节礼物时就是带着黄太吉的煎饼；有的人万里迢迢从遥远的美国飞过来，其目的只是看一眼黄太吉煎饼；孕妇在微博上留言：不吃上煎饼就会胎动异常。每天都会有人愿意排上半个小时的队，带一张煎饼回去。

正是这种线上线下的互动，带动了黄太吉的发展，也创造了煎饼在O2O模式的一个小奇迹，可见商业模式的创新会给企业带来意想不到的成功。

总结起来，O2O商业模式的实施方法有以下几点：

1. 线上互动+线下消费

这种模式主要是在线交流互动，并开展一定的优惠或促销活动，然后在线下指定地点去消费。

“口碑网”是淘宝网旗下网站，是打造生活服务领域的电子商务。网站为消费者提供评论分享、消费指南，是商家发布促销信息，进行口碑营销，实施电子商务的平台。2009年9月，口碑网并入亚洲最大的网上零售商圈淘宝网，成为大淘宝战略中的重要一环，口碑网能为人们提供最方便快捷、真实可信的各类信息。

2. 线上消费+线下互动

这种模式主要是在线上进行交易，同时也展开交流和发布活动信息，而线下主要是面对面的交流或现场互动展示。

携程旅行网是在线旅行服务公司，提供的服务主要有酒店预订、高铁代购、旅游度假。会员登录后，可以根据自己的需要先查询携程网能提供哪些服务，确定服务是否满足自己的需求，然后选择服务种类、时间、地点以及确定取票地点，最后在线下单。可以说，在携程网，会员可以一次性享受到整个旅程的服务。

3. 线上消费+线下消费

这种模式是线上线下都可以同时销售，同时线上和线下都可以交流互动，都可以展开促销和优惠活动。苏宁易购是建立在苏宁电器长期以来积累的丰富的零售经验和采购、物流、售后服务等综合性平台基础上的，由行业内领先的合作伙伴IBM合作开发的新型网站平台。虚拟经济无实体店支撑很难发展起来，苏宁B2C的优势在于可以把实体经济和虚拟经济结合起来共同发展，与全球领先的IBM公司强强联手，构建了互惠共赢的战略合作局面，苏宁也有望成为B2C行业内最优秀的服务品牌之一。

无论是哪种O2O的商业模式，最终目的就是吸引更多的客户，互动也是为了保证老客户不流失。新客户在进入平台后，通过服务或优惠，促使他们转化为真正的客户。

4. 手机二维码

随着移动互联网的快速发展，消费者通过手机连接互联网、O2O网站、App商店、社交网店或通过在线下实体店或传单上扫描条形码或二维码等方式，查找和获得自己需要的产品和服务，然后利用手机支付进行购买，再到线下实体店进行消费。手机扫二维码可以在瞬间获得网址、访问移动互联网，获得商品的信息，从而拉近了商家和消费者之间的距离。商家可以利用手机这种特定终端推出更多服务，形成更多互动，最终实现更大的商业价值。

5. O2O商业模式和传统企业相结合

移动互联网的快速发展改变了人们的消费习惯，线上线下的边界也越来越不明显，越来越多的行业开始互联网化，进入线上线下融合的大军当中。O2O也不再限于前端产品和服务的线上化，开始向传统行业上下游不断拓展，面向前端的技术产品类型不断增多，从营销、决策、供应链等多方向切入，将整个产业链连接到数字世界，深度挖掘线下潜能。线下商业复杂度高，不同行业不同企业之间差异巨大，线上企业需要不断深化对传统行业的理解，方能真正助力传统行业实现变革。

7.3.4　C2M商业模式

案例

拼多多

2018年火爆中国大江南北，拼多多模式引发热议。今日，拼多多推出的“新品牌计划”即要扶持1000家各行业的中小微企业，帮助它们“更有效地触达消费者，以最低成本培育品牌”，我们可以把它看作一种C2M模式。目前参与企业都是国内外知名品牌的代工厂，如家卫士、潮州松发陶瓷、浙江三禾厨具等，凭借超强的技术生产工艺和多年的质量坚持，直接面向终端消费者，试图通过C2M弯道超车老牌电商。

C2M（ Customer To Manufactory ）又称“短路经济”，即连接消费者和制造商，“预约购买，按需生产”，简称“客对厂”。这是由用户需求而衍生出的生产制造模式，“客对厂”是一种新型的电子商务模式，是基于社区SNS平台以及B2C平台模式的。C2M商业模式实现了顾客到工厂的直接连接，去掉了所有的中间环节，使顾客能与制造商、设计师直接连接，为顾客提供优质平价、性价比高、个性化且专属的产品。

1. C2M产生的环境及因素

2015年7月，全球首个C2M电子商务平台上线，这是C2M模式首次应用在互联网电子商务中。它一头连着制造商，一头连着消费者，去掉库存、物流、总销、分销等一切可以去掉的中间环节，砍掉包括库存在内的所有不必要的成本，让用户以超低价格买到超高品质的产品。

C2M模式是在“工业互联网”背景下产生的，被称为继蒸汽机、电气化、自动化之后人类的第四次科技革命。C2M源于德国政府在2011年汉诺威工业博览会上提出的工业4.0概念，是指现代工业的自动化、智能化、网络化、定制化和节能化。它的目标是通过互联网将不同的生产线连接在一起，运用庞大的计算机系统随时进行数据交换，按照客户的订单要求，设定供应商和生产工序，最终生产出个性化产品的工业化定制模式。

工业互联网，简单地说就是将人、数据和机器连接起来，结合软件和大数据分析，重组工业结构，从而激发生产力，为制造商和客户带来前所未有的解决方案。这会大大提高传统行业的劳动效率，将为诸多工业领域带来巨大的变革和机遇，它所带来的市场空间不可限量。

2. 去除中间商，建立用户到工厂直联模式

C2M实现了用户到工厂的直联，去除所有中间环节，连接设计师、制造商，为用户提供顶级品质、平民价格、个性且专属的商品。C2M模式还颠覆了从工厂到用户的传统零售思维，由用户需求驱动生产制造，通过电子商务平台反向订购，用户订多少，厂家就生产多少，彻底消灭了厂家的库存成本，工厂的成本降低，用户购买产品的成本自然也就下降。

C2M这种创新的商业模式是对传统商业模式的颠覆，促使一些优秀的传统企业进行转型，由于互联网企业的进入，又引来众多参与者。

3. C2M商业模式创新的根本是个性需求、节约成本、提高效率

C2M也改变了“必要”物流周期长，反应速度慢，服务体验差，售前、售中、售后服务无法保障的状况。C2M的出现无疑是电子商务模式的重要革新，一方面是因为迎合了当前用户的个性化需求，通过减少中间环节以达到成本降低、效率提升的效果；另一方面，对于企业而言，运作模式的调整会带来一定的成本和阵痛期。

7.3.5　物流商业模式

案例

当当网

当当网一直致力于创新服务，在物流网络等电子商务基础设施的构建上也着力甚勤，目前采用“自建仓储，第三方配送”为主的物流系统。

2006年6月，当当网建立送货上门、货到付款的服务，享受其免费上门收取退换货服务的城市在全国突破80个。2007～2013年，建立北京、上海、广州、成都、武汉、郑州六大物流中心，共在全国建成了超过50万平方米的物流中心。

目前当当的前置配送中心（FDC）是存货模式、统配全国的，在FDC模式下，所有仓储的订单均由配送中心集中发出，供应商可以集中受理订单，组织大宗的送货，送货时效大大加快，也减少了供应商物流发运部门单独打包的麻烦。在商品到达配送中心以后，当当网会由配送中心统一、及时地配送到全国各地库房，各地库房配送到位的及时性提升，还带来周转速度的加快。

物流行业的兴起要比互联网行业早得多，但是就其发展速度来说，却远远落后于互联网。长期以来，物流行业的发展都比较缓慢，在发展过程中，“散、乱、小、差”等问题成为整个物流行业的难题。在中国早期，物流一直都是中国邮政一家说了算。

当今互联网时代，在淘宝、天猫等电商模式的带动下，顺丰、中通、申通等第三方快递公司迅速崛起，京东商城的迅猛发展也带动了自建物流京东物流的壮大，然后各大电商平台也纷纷开始自建物流。

当今互联网的影响越来越明显，各种互联网商业模式的出现，让互联网对传统物流产业的重构成为可能。从趋势来看，互联网和物流企业都处于快速发展时期，商业价值也越发明显。

1. 物流商业模式创新的起因

（1）互联网化。互联网是推动物流行业发展的原动力。互联网的快速发展，使得整个社会的所有产业链正在发生着变革和创新，物流行业改革也势在必行，传统的低效率、混乱的局面必然要发生改变。

各类O2O的兴起，促进了送货上门服务。如外卖、医药、鲜花、蛋糕等，这些配送就需要相对应的物流产业。自建物流前期成本太高；如果依托线下商家配送，难以保证服务质量；大部分商家不愿自己配送；依托顺丰、圆通、申通等第三方物流近距离配送也不现实。于是，与各种上门配送服务相关的物流趁机兴起。

（2）电商的快速发展。电子商务的发展直接促进、加快了物流的发展速度，而电子商务高速发展的同时，还需要与好的物流企业来结合。由于电子商务针对的客户群体不一样，相应的物流也越来越倾向于“量小、多次、高频率”的运作模式。如果仅依靠传统物流企业，难以跟上电子商务的物流需求，所以必须寻求互联网物流企业在物流商业模式上的创新。

（3）海外购物。海外购物俗称“海淘”，现在也成为购物新趋势，是互联网物流企业快速成长的催化剂。移动互联网物流在提供海外直购服务方面有着天然的优势，其在跨境电商业务中，扮演着重要的角色，直接决定未来各公司的服务水平和市场竞争力。

（4）物流服务质量相对较低。目前物流行业普遍存在服务质量低的现象，许多物流的服务态度和服务质量都存在很多不足，而顺丰物流的价格也相对比较高。所以整个行业的物流服务水平都急切需要提升，需要新的物流平台和模式来替代传统物流，互联网与传统物流相结合则是一个不错的选择。

2. 实现物流商业模式创新的方法

（1）整合资源、优化流程。物流的本质就是提高效率，“整合资源、优化流程”，是物流永恒的主题，这是物流在应用互联网的时候所必须强化的。只有在整合资源基础上优化流程，才能够提高效率，达到降低成本的目标。互联网对物流发展最大的推动力就是加快物流组织模式尽快向供应链转型升级，就是要做资源整合和优化。

（2）依赖互联网数据。在互联网环境下，物流发展模式就是创新驱动，但这些都要依赖互联网对数据和信息的获取。“互联网 +”可以做到以下三点：一是获取信息更加精确真实；二是获取信息更加方便；三是获取信息更加及时。数据资源是物流和零售行业用“互联网+”必须挖掘的资源，只有成功地应用互联网挖掘和整合数据资源，才能在后续的发展中做出创新。

（3）运用“互联网+物流”降低成本。“互联网+物流”形成的首要因素在于将改变原始物流的运作模式，这不是单纯地建网站、搭平台、开发App，更多的是利用移动互联网优势，在管理监控、运营作业、金融支付等方面实现信息共享，用互联网思维、信息化技术改造物流产业，在新的领域创造一种新的物流生态。

“互联网+物流”的创新模式要首先转变目标，降低成本。转变目标是要转变思维方式，能够形成一种模式，去降低客户的成本，不去作价格比拼，把目标模式从降价模式转变为降成本的模式，这才是物流本身所具有的价值。

7.3.6　双模模式

所谓双模模式，就是一个包括“用户模式”和“盈利模式”在内的商业模式，其中用户模式还包括用户规模、用户体验、用户黏性三个要素，盈利模式包括前向收费模式、后向收费模式、衍生收费模式。用户模式是盈利模式的基础，盈利模式是企业持续发展的保障。即用户模式+盈利模式=商业模式创新。

在互联网时代，我们要同时考虑用户发展和盈利模式，但是要明确两者，分开考虑，首先建立用户模式，通过聚集人气、黏住用户，形成巨大的用户空间，然后建立盈利模式。

1. 提升客户的数量，形成良性发展

在双模模式中关键还是拥有客户的数量，只有在客户不断增长的情况下，

才能吸引产业链中的合作伙伴来投资，企业才能更好地去管理和丰富平台的产品和应用，从而形成平台发展的良性循环。

若没有充足的客户数量，就不能吸引合作伙伴的加入，不能进一步丰富平台应用和服务，这样平台便失去投资和对客户的吸引力。注重客户规模是移动互联网企业的重要策略，它是统领移动互联网模式创新的核心问题。

2. 保证企业盈利，保障创新实现

对于企业来讲盈利和创新是两个相辅相成的因素，当一个企业的用户规模增长到一定程度的时候就需要思考如何留住这些用户，经验告诉我们发展一个新客户的成本是留住一个老客户的成本的5倍。例如，华为公司每年投入大量资金用于研发，建立了一支强大的研发团队，使得公司在通信技术领域保持了领先地位。三星公司在全球范围内申请了大量的专利，保护了自己的技术成果，并通过产业化实现了盈利。

3. 优化客户体验，夯实创新基础

产品创新首先要站在客户体验创新的基础之上。好的客户体验建立在对客户需求精准把握的基础上，这就需要移动互联网企业不断根据客户反馈和建议，进行产品快速更新，不断完善，让用户在使用过程中感到愉悦。同时，要找到可持续的盈利模式，关键在于商业模式的创新，适合企业自身特点的商业模式才是最好的商业模式创新。

因此，移动互联网企业要重视并关注目标客户的需求，分析目标客户的价值主张，在未被满足的需求上下功夫，突破客户的边界，这是企业立足的根本，是企业构建核心竞争优势的原点，也是企业商业模式创新之本。

案例

以腾讯的微信为例，国内最先推出的这类产品是小米科技的米聊，但腾讯在模仿之后，在原功能的基础上增加了很多的创新：例如，漂流瓶、摇一摇、秀二维码等。这些新的功能使得微信迅速超过了米聊，并将其远远抛在身后。

腾讯之所以能够作出这些创新，一是因为其有强大的产品开发能力；二是因为其对用户的需求有很透彻、深入的了解。

而这两者结合起来，其实就是一个企业的专业能力、业务能力，才是保证用户模式成功转化成为盈利模式的最重要因素。

因此，企业在创立之初，可以不知道自己的盈利模式是什么，也可以把迅速积累用户规模作为短期内的首要目标。但是，在积累用户规模的过程中，一定要注意专业能力和业务能力的积累。这样，在用户数量达到一定规模时，才能将这些用户数迅速转变为盈利模式。

7.3.7 免费模式

案例

国外一个专门教别人修手机、修相机、修电脑的网站，里面有非常多的视频，你只要把上面的视频学一遍，基本上就可以自己开一个手机维修店了，关键是上面的视频全部免费，就是因为免费还能帮助用户，所以这个网站聚集了几千万的用户。

很多人认为上面有了这么多用户，随便接几个手机的广告就可以赚钱了，但是他们从来不接商业广告，似乎这是一门亏本的生意，因为视频是免费的，他也不接广告，但是他们却一年赚了上亿元，怎么赚钱呢？卖配件，他们就是靠着卖配件，一年赚了上亿元，听起来是不是有点不现实，但是确实是存在的。

阿里巴巴，全球企业（B2B）电子商务最好的品牌之一，连续五次被美国权威财经杂志《福布斯》选为全球最佳B2B站点之一；在全球著名的互联网流量监测网站Alexa.com（网站流量全球综合排名查询）上，占据全球商务及贸易类网站排名第一的位置。一个专门做电子商务的网上贸易平台，也是全球首家拥有220万商人的电子商务网站。在互联网创业的热潮中，阿里巴巴的成功绝非偶然，它有着良好的定位、优秀的服务，更重要的是，它有着不同寻常的商业模式——免费商业模式。

1. 金吉列的“免费”创新模式

实际上，早在20世纪初期，“免费”的商业模式就已经开始盛行，商家向客户提供一些免费商品，其目的是吸引他们去买别的配套的收费商品。这就意味着，购买收费商品事实上为他们享受免费商品提供了直接的“补贴”。吉列剃须刀就是通过这种商业模式发展起来的。

2.“免费”模式出发点是聚集人气

麦当劳、肯德基的卫生间对任何人永远都是免费开放的，不消费也可以使用。假如有一天，我们着急上厕所，尤其是在城市的大街上，找一个公厕非常难，这时候你会想到哪里？去麦当劳、肯德基，为什么？因为那里免费。相比一些饭店、餐馆，没有消费也能去厕所。这么做为他们带来了什么？带来了客流量，烘托了人气，有助于品牌的传播，让过客成为顾客。这是一种看似简单、效果却非常显著的免费措施，这也是他们成功销售的一个手段。用“免费”留住客户，再做商业模式创新。诸如此类的免费商业模式数不胜数，可见“免费”的商业模式并非新生事物，而是不断改变形式出现，“免费”似乎改变了人们数千年来的等价交换法则。

互联网经济的发展使之逐渐成为免费经济的代名词，数字时代的“免费”商业模式渐渐成为一种趋势。用户需求在变，业务类型在变，盈利模式在变，不变的是客户规模，只有先留住客户，才能想办法赚钱。

随着互联网的快速发展和广泛应用，“免费”商业模式不断发生着变化，这也向传统的商业模式发出强有力的挑战。免费商业模式快速发展，正在改变人们的生活及消费模式，企业只有根据自己的情况，及时进行商业模式的创新，才能在互联网时代站稳脚跟。

课堂讨论

1. 在互联网时代下，企业该如何进行品牌模式的创新呢？
2. 讨论总结O2O 模式商业模式的六大要素。
3. C2M最重要的意义是什么？
4. 物流商业模式还可以结合哪些现代技术去创新，如何创新？
5. 用户模式是否一定能激发盈利模式？

第8章

路演你准备好了吗?

本章内容导学

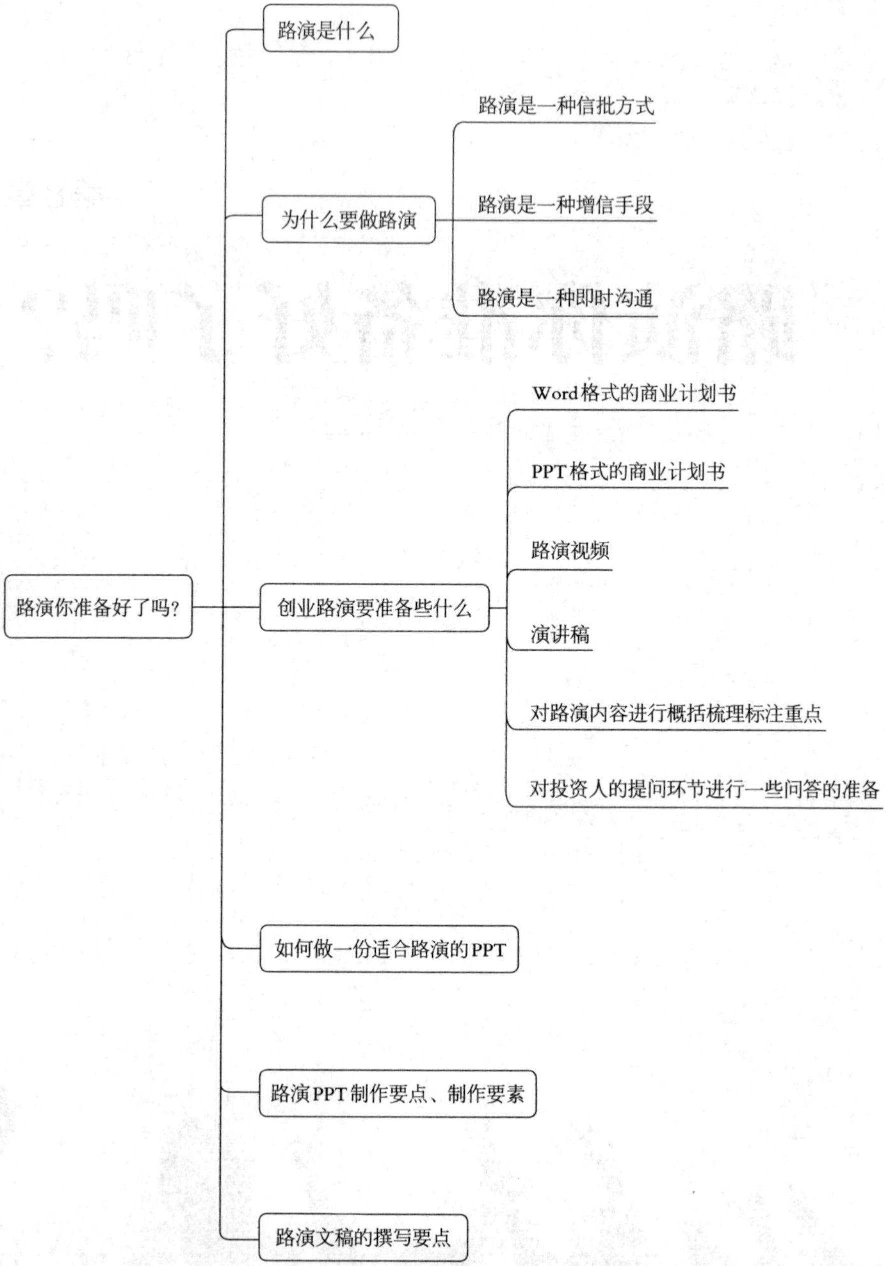
路演你准备好了吗?
路演是什么
为什么要做路演
路演是一种信批方式
路演是一种增信手段
路演是一种即时沟通
创业路演要准备些什么
Word格式的商业计划书
PPT格式的商业计划书
路演视频
演讲稿
对路演内容进行概括梳理标注重点
对投资人的提问环节进行一些问答的准备
如何做一份适合路演的PPT
路演PPT制作要点、制作要素
路演文稿的撰写要点

案例

你能通过电梯测验做一次自我介绍吗

电梯测验是指“在乘电梯的30秒内清晰准确地向客户解释解决方案”。这是麦肯锡公司检验其陈述咨询报告的方法之一。

CTR风险投资公司的罗太·布瓦斯韦特对电梯法则的价值作出了最好的总结：“在进行商业汇报时，尤其就我本人而言，如果不能通过电梯测试，就不应与任何人讨论。”

如果你无法简明扼要、准确无误地阐述自己的想法，要么你没有充分理解资料，需要再熟悉熟悉，要么就是你的故事结构不够清晰、准确，需要再考虑考虑。

8.1　路演是什么

项目路演就是企业或创业代表在讲台上向投资方讲解项目属性、发展计划和融资计划，一般分为线上项目路演和线下项目路演，线上项目路演主要是通过QQ群、微信群，或者在线视频等互联网方式对项目进行讲解；线下项目路演主要通过活动专场对投资人进行面对面的演讲以及交流。

路演是一种宣传推广的方式，通过现场演示，引起目标人群的关注，使他们产生兴趣，最终达成销售。在公共场所进行演说、演示产品、推介理念，及向他人推广自己的公司、团体、产品、想法。

路演最初是国际上广泛采用的证券发行推广方式，是证券发行通过投资的银行家或是支付承诺商的帮助，而在初级市场上发行前是针对投资者进行的推介活动；也是在投资或融资双方充分分流的情况下促进股票成功发行的重要方法。

路演有两种功能，一是宣传，让更多的人知道你；二是现场销售，增加目标人群的试用机会。路演不只是宣传和现场销售，还有一个新的目的，是引起目标商家的注意，通过展示自己产品的独特性以及销售方法，让经销商产生兴趣，让他们最终认可。

路演的主要目的是促进投资者与股票发行人之间的沟通和交流，保证股票的顺利发行。但在海外市场，股票的发行人需要用路演来实现三个目的。第一，要先查明投资者的需求情况，以决定发行量、发行价和发行时机，要保证重点销售。第二，要使策略投资者了解发行人的情况，作出价格的判断，再利用销售的计划，形成投资者之间的竞争，最大限度地提高价格评估。第三，是为与策略投资者保持关系打下基础。

8.2 为什么要做路演

路演打开了外界了解企业的最重要和最直接的一扇窗户，当阳光洒进来，企业的点、线、面如抽丝剥茧，一层层渐次展开，企业的融资之路已经成功一半。

世人不患问题，而患不真实。一个好的项目之所以通过路演来呈现，是因为它能够大大提升融资成功的概率，相比文字、静态BP（PPT）传递、表格交互，路演有如下独特的价值：

1. 路演是一种信批方式

从展现形式上，路演包括文字、图片、视频、PPT演讲、互动问答；从展现内容上，路演包括项目市场分析、竞争分析、产品和技术介绍、商业模式、团队成员、财务指标、融资计划等。这种多角度多媒体的完整信息披露方式，能让投资者更充分地了解项目。

2. 路演是一种增信手段

任何交易都建立在信用和信任的基础之上，资本市场更是如此。信息披露的本质就是建立信任，但文字沟通有距离感，因为文字可以包装，路演使投融双方面对面零距离接触，增强彼此的信任感；这一点，在信用体系不够完善的市场显得更为重要，而在中国，传统的商业文化是讲究眼缘儿，见面不单纯是礼仪安排，更是信用加强的需要。

3. 路演是一种即时沟通

路演特别强调现场感，必须由项目主要创始人现场发挥，从这个角度上看，事先录好并经过剪辑的视频，作为媒体宣传可以，但只能作为路演的辅助。路演特别强调即时沟通，没有经过深思熟虑的斟酌而直面问题的解答，往往更能反映项目真实的情况。尤其是在问答环节，项目方和投资方通过互动交流，可以将彼此的了解提升到新高度。

只有从这三个维度来理解路演，才能还原路演的本来面貌。随着互联网通信技术的发展，也必然把路演推到新时代的场景中，从而在传统路演和现代路演之间画出了泾渭分明的界线。这道界线，并不单纯是技术本身这么简单，更为独特的价值在于，借助于新技术而滋养出来的新功能、新意义。

8.3 创业路演要准备些什么

1. Word格式的商业计划书

商业计划书（Word）有一定的框架，你可以沿着以下逻辑思考你的整个商业模式。

- ◆ 一句话说明你创业的灵感或动机（切入点）
- ◆ 一句话说明市场的潜力（市场前景）
- ◆ 一句话说明你们满足了什么刚需（产品或服务或解决方案）
- ◆ 一句话说明还有谁提供这些刚需（竞争对手）
- ◆ 一句话说明你们提供的信息比他们的强在哪儿（优势）
- ◆ 一句话说明你们如何保持优势（核心竞争力）
- ◆ 一句话说明你们如何让客户知道你们的产品（市场推广）
- ◆ 一句话说明你们在某个周期内能赚多少（盈利能力）

◆ 一句话说明你们计划分多少股份，换多少投资，准备做什么（融资需求）

◆ 一句话说明计划让投资人得到怎样的回报（退出机制）

◆ 一句话介绍一下你们自己（团队优势）

2. PPT格式的商业计划书

PPT整体风格清晰、突出；着色不能超过三种；字不如表，表不如图。

PPT内容逻辑清晰，5分钟的PPT项目展示15~20页为宜。PPT内容提纲如下：

（1）封面（1页）：项目名称+一句话描述公司业务或创业项目（例如，慧淬：全球首创的钢轨延寿服务专家；粉丝网：打造第一粉丝社群媒体；罗小馒：目前云南最火的“罗三长红糖馒头”）。一般项目名称不要直接用公司名字（尤其是对于尚未成立公司的项目）；用一句话描述尽量体现项目定位和亮点；避免过于技术化的标题。标明路演人姓名、身份。

（2）行业背景和市场现状（2~3页）：（用数据或案例）描述你发现目前客户的“切肤之痛”或市场的痛点（问题），简介目前客户是如何应对这些问题的。定义你的目标客户并描绘他们的特性，测算市场规模。

（3）解决方案（2~3页）：你有什么解决方案，或者什么产品能够解决这个痛点（市场需求点/机会点），简要描述产品的外形、功能、性能、结构、知识产权和开发计划；配上简单的产业链上下游图（或产品功能示意图、简要流程框图等），简要阐述产品的独特价值，如何解决客户的难题，说明产品价值具体在何处得以体现，提供一些产品使用的具体案例（场景）。注意发挥专业特长有创新内涵，要专注聚焦，不追求大而全。

（4）目标客户（1~2页）：你的产品面对的用户是哪些？明确产品将面对的用户群是谁（要有清晰的目标用户群定位）。

（5）核心竞争力/壁垒（1~2页）：为什么这个事情你能做，而别人做不了？或者为什么你能比别人干得好？你的核心竞争力是什么？（优势、竞争商品分析）列出现有的和潜在的竞争对手，分析各自的竞争优势，指出自己的竞争优势。

（6）项目发展/执行情况（2～3页）：论证你的市场有多大？你们已经做出了哪些业绩？截至目前，该项目的发展、执行情况（产品、研发、生产、市场拓展、业务发展、销售等核心环节的进展，尽量用数据进行总结，突出数据变化的趋势）。

（7）盈利模式/商业变现（1~2页）：说明你如何实现盈利？收入模式，销售和渠道，定价从每个客户身上可获得的平均收入或其终身价值，现有客户和正在开发的客户清单。如果项目还处于雏形阶段或者早期，无须过多地介绍盈利模式，把重点放在产品/解决方案的介绍上，让大家觉得确实有价值，并有机会做大。

（8）项目/公司团队（1~2页）：你搭建了一个怎样的团队？团队的人员规模和组成，团队主要成员的分工、背景和特长，并说明个人能力与岗位的匹配度，团队的核心竞争优势。科技成果转化项目，需说明科技成果的专利权人、发明人与团队的关系。

（9）财务预测与融资计划（2~3页）：你未来1年的财务收支预估（收入模式）。不必写未来3年甚至5年的财务预测，除非是已经非常成熟的项目。未来6个月或1年的融资计划（需要多少资金，释放多少股份，用这些资金干什么，达成什么目标），估值逻辑需要提前思考但一般不用写在商业计划书上。

（10）展示愿景：发起号召（1页）。

3. 路演视频

一般时长1分钟。配字幕以方便理解，与PPT 内容互补，参考优质视频的叙事结构和手法拍摄，主题突出、画面清晰。

4. 根据路演结构制作演讲稿

一般路演可以分为项目介绍和项目展示两大部分。

在介绍部分，强调三句话阐述项目：第一句话说明项目是做什么的；第二句话阐明市场有多大；第三句话说明项目的增长潜力究竟有多大。

在展示部分，围绕自己的项目，阐明项目解决的痛点、竞争优势，介绍团队，提出融资需求。

5. 对路演内容进行概括梳理标注重点

（1）梳理台本的逻辑关系、核实数据，切忌表述前后矛盾、数据错误。

（2）优化语言表述，力求简洁明了，切忌废话连篇、表述不清。

（3）在台本上标注重点，概括核心内容，有详有略，切忌啥都想说，结果啥都说不明白。

6. 对投资人的提问环节进行一些问答的准备

路演前角色互换一下，问问自己，有哪些问题是投资人提问概率较大的，提前准备这些问题的答案。

8.4 如何做一份适合路演的PPT

8.4.1 路演PPT包含了哪些内容

1. 项目名称

毋庸置疑，不管是制作路演PPT，还是其他种类型的PPT，都需要交代本次PPT的主题，于路演PPT而言，就是项目名称。自己想要开展怎样的项目？项目Logo是什么样的？将这两个问题的答案付诸PPT首页上即可。按照常理来讲，首页PPT在制作方面并没有什么难度，不过，在亮点的打磨上还是要多花些心思的，最好能够将足以夺人眼球的亮点融入项目名称之中，进而营造出令人眼前一亮的感觉。

2. 阐述痛点

毫不夸张地讲，用简洁精练的语言将痛点阐述出来，就相当于是为路演PPT的制作开了一个好头。什么叫作痛点？理解起来很简单，例如，个人要做新的产品，要将这种产品打入市场，那在做路演PPT的过程中，就需陈述自己在做市场调研之时，发现了目标客户具有哪方面的诉求？这种诉求在市场上是否得到了响应？温馨提示：在创作这方面内容时，要遵循客观真实原则，越真实的诉求越容易打动人心。

3. 市场规模

市场规模是在做市场调研时，众人应着重注意的关键点，在这里要重点强调。市场规模部分堪称路演PPT的灵魂，也是路演PPT的主体。在制作期间，可以采用多种方式，例如，阶梯图、同心圆图，等等。除此之外，也可以用语言将推动依据陈述出来，尤其是那些新兴市场，使用这种方法效果更好。当然，在制作完这部分内容后，建议拿给身边有经验的前辈审阅，让他们帮忙找出其中的问题，并加以改进。

4. 竞争优势

与其他家公司相比，自家的产品有哪些优势？要是放在竞争市场，自家产品要凭借着何种优势脱颖而出？这些都是需要大家详细讨论的问题。一般来讲，在介绍竞争优势时，切勿夸大，最好能用数据说话。

5. 融资计划

在对待融资这件事的时候，己方列出了何种计划？希望通过哪种方法分配股权？理想中的融资资金是多少？要是获得这些资金，会应用于哪些方面？准备让资金发挥哪些作用？以上这些，都属于融资计划的内容，都要囊括在路演PPT中。自然，融资计划越详细，台下的各位听众心中越踏实。

6. 结束页

所谓结束页，顾名思义，指的就是要对上述内容进行汇总。条件允许的情况下，可以在结束页上再一次突出自家公司的优点，发出希望与众人合作的意愿，加深听众的印象。除此之外，还要讲一讲公司的愿景，未来期盼以及个人联系方式。

以上这些，便是本次要给大家介绍的所有内容了。如何写好一份路演PPT？看完这篇文章的各位读者朋友们，有没有心领神会呢？功夫不负有心人，相信众人在付出了一定的精力与心血之后，一定可以得到一份满意的路演PPT！

8.4.2 路演PPT制作要点

1. 路演PPT的内容呈现

（1）公司与团队

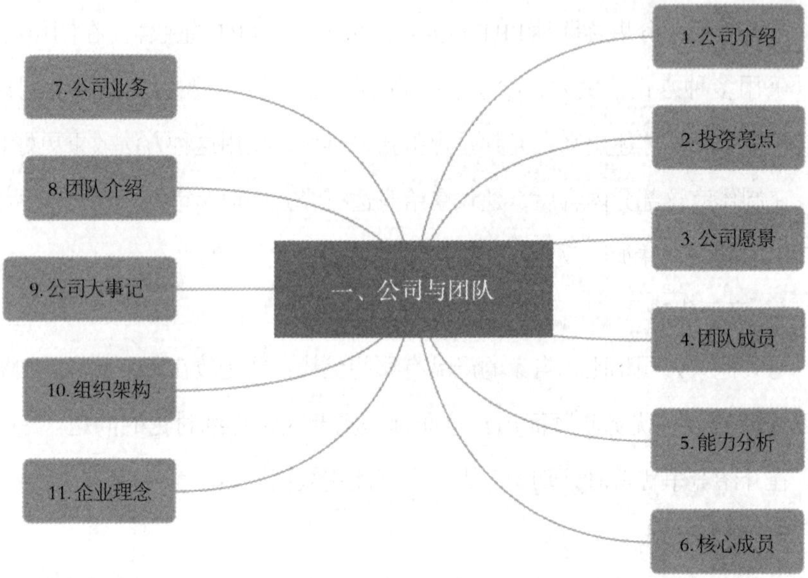

（2）项目介绍

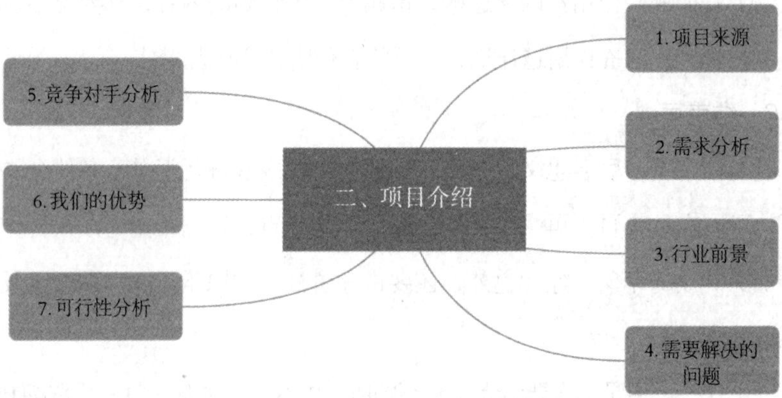

（3）产品运营

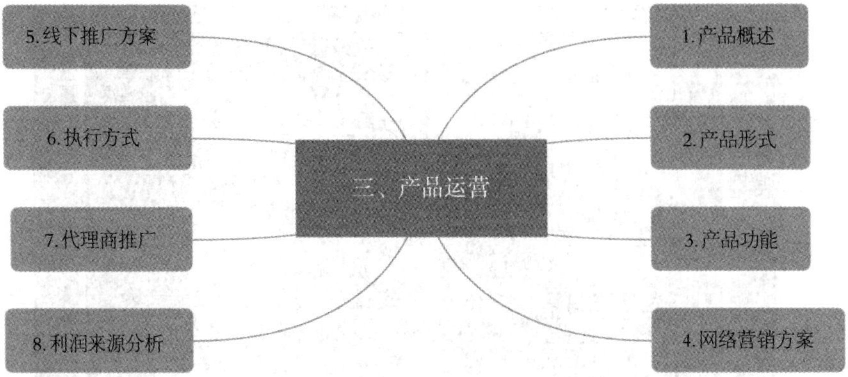

（4）发展前景

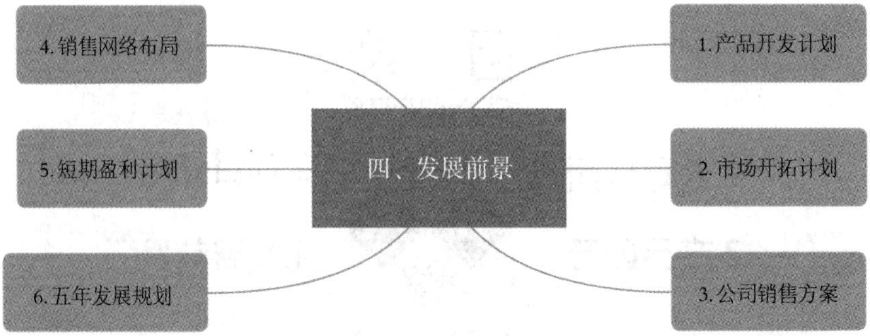

（5）财务融资

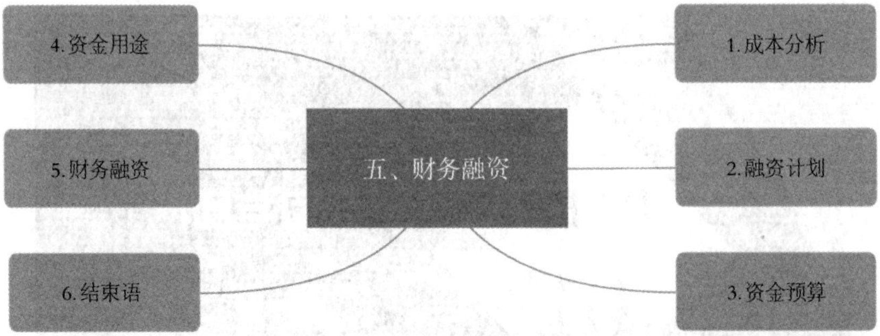

2. 路演PPT演示文档模板案例展示

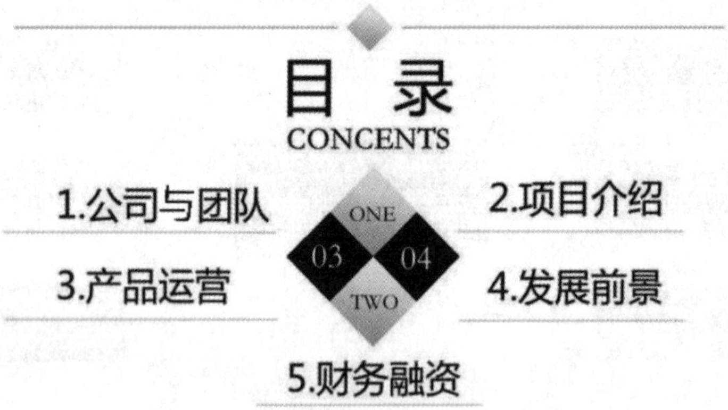

PART
02
项目介绍
●项目来源
●需求分析
●行业前景
●需要解决的问题
●竞争对手分析
●我们的优势
●可行性分析

PART
03
产品运营
●产品概述
●产品形式
●产品功能
●网络营销方案
●线下推广方案
●执行方式
●利润来源分析

PART
04
发展前景
●产品开发计划
●市场开拓计划
●公司销售方案
●销售网络布局
●短期盈利计划
●五年发展规划

8.4.3 路演PPT制作要素

1. 路演PPT的配色

PPT背景色是首先要决定的，根据研究，人类的整体认知主要依靠周边视觉（用来扫视人眼能看到的周边区域）而非中央视觉（用来直视事物，观察细节），而背景色在PPT页面中的占比非常大（尤其是没有内容遮挡的周边背景），所以，背景色不仅决定着整个页面的风格，也影响着人们对PPT页面的整体印象。

同时，背景色还有着强调内容，突出画面图片、文字等信息的作用，所以背景色在色调上最好使用白色、淡色调、深色调、黑色。

白色背景：体现舒畅、简约、高档、纯净、趣味、整洁、朴素。

淡色调背景：体现优雅、情绪化、清新、慰藉、女性、素净、轻松、轻薄。

深色调背景：体现豪华、执着、幻想、格调、趣味、沉静、稳重、坚实。

黑色背景：体现压抑、幻想、强力、刺激、高级、刚毅、庄重、严肃、神秘。

使用深色背景色时建议采用渐变色，且色彩之间的差异不要太大，这样做能避免单一颜色过于死板和“闷”，同时，也保证了页面的和谐，减少主色搭配的难度。

具体选择哪种颜色来做背景色呢？这需要结合PPT内容和一些颜色所传递的感觉来决定，内容和颜色传递的感觉一致即可。

切记：不要选择饱和度极高的色彩作为背景色。会亮瞎双眼，让人不敢直视的。

一般情况下，PPT只要将事情讲述清楚即可，如果能传递一些情绪就算是加分项，因此，PPT的设计要求远没有平面设计高。我们将背景色确定之后，主色和辅助色使用配色工具确定即可，色彩的搭配可以按照以下方式搭配：“单色搭配”“互补色搭配”“三角形搭配（三元群）”“矩形搭配（全相型）”“类似色搭配（类比色）”。

2. 制作路演PPT的字体搭配

不同的字体类型所呈现出的视觉印象是不同的，有些字体比较清秀，有些字体比较生动活泼，还有些字体比较稳重挺拔，等等。总之，字体类型不同，所带给别人的感觉是不一样的。

黑体系列：

包括微软雅黑、冬青黑、思源黑等。这些字体看起来比较商务、正式、精致、有现代感。通常适合项目汇报PPT、毕业答辩PPT、项目路演PPT、策划推广PPT等，总之，适用范围很广。

圆体系列：

包括幼圆、经典中圆等。这些字体看起来比较柔和、温暖、细腻，通常适合表现女性、爱情、儿童、家庭等主题的PPT。

宋体系列：

包括华文中宋、朗宋、清刻本等。这些字体看起来比较文艺、古朴、醒目。适合古典，或者是政府工作报告等正式场合中，其中，造字工房朗宋、方正粗宋以及康熙字典体，比较适合做标题字体，其他几个，比较适合做正文字体。

楷体系列：

包括华文楷体、汉仪全唐诗简体等，这些字体看起来比较清秀、文艺，和宋体的气质很像。这些字体看起来很干净，且有艺术感，通常用来写古诗词或者是比较文艺的内容。

姚体系列：

包括方正姚体、锐字工房云姚等。这些字体看起来很优美，而且有点复古的感觉。通常用来表现稍微复古一点的主题内容，用作标题字体，尽量不要用作正文。

行/草书系列：

包括禹卫书法简体、方正吕建德行书等。这些字体看起来比较潇洒、自信、有艺术感。通常适合用作表达情感的PPT封面。用在PPT封面标题文字比较不错。

当选择一种字体时，还需要考虑版式的美观程度。因为PPT页面上，通常会有一大堆文字，并不是任何一种字体都能够将其排版得非常美观。一般而言，手写字体、草书不适合排版使用。所以，选择字体时，版式的美观程度也是需要考虑的一个方面。同时在PPT制作中，字体的选择要考虑3个方面，分别是字体的气质是否与内容主题匹配、内容阅读是否有障碍、内容排版是否美观。

3. 路演PPT的合理页数

PPT页数一般为15～18页，最多不超过20页。

8.5 路演文稿的撰写要点

项目路演的成功，离不开高质量路演稿的准备。路演机会仅一次，说错一句话，可能就与成功机会擦肩而过！本章课程为你带来路演稿的3+6撰写技巧，以往届中国国际“互联网+”大学生创新创业大赛全国金奖项目路演稿为例，手把手教你写出高质量路演稿。

8.5.1 路演稿作用

路演现场，项目路演时说什么极其重要，稍不注意说错一两句话都有可能影响到评委对项目的评价，所以路演前务必要写好路演稿。

路演稿不仅能帮助我们从容完成路演，避免现场紧张乱说话，甚至无话可讲的状况，还能通过对内容的精心设计，让我们的路演更精彩，更打动人心。所以，顺利晋级省赛、国赛的项目，一定不要吝惜对路演稿的精力投入。（上届“互联网+”大赛某金奖项目的路演稿改了50遍以上！）

8.5.2 路演稿内容构成

路演稿的内容结构可划分为三部分：开场→项目介绍→结尾。通过金奖项目的实例为大家拆解每部分具体怎么写。

1. 开场词

路演的开场非常关键，它决定了听众对项目的第一印象。好的开场一定是能立马吸引人注意的，能让人乐意继续往下听的。设计项目路演的开场可以有以下几种方法：

（1）开门见山式：（最常见）

先问好，再介绍自己或项目情况，主要采用公司+路演人+学校+项目介绍形式展开项目介绍：

介绍公司，介绍我担任什么（职位+姓名），来自哪里（学校），带来什么

（项目介绍）。

金奖项目实例：

来自第六届金奖项目【eDNA精准生物监测与生态健康诊断】

我是××科技的创始人××，我来自××学校，今天给大家带来一项革命性的生物监测技术……

金奖项目实例：

来自第六届金奖项目【5G通信氮化镓功放芯片】

我是来自清华大学的××，也是××科技的创始人和CEO，今天我带来的项目是……

（2）设置悬念式：

通过设置悬念来牢牢抓住听众的注意力，这个悬念可以是一个问题/一句话，也可以是现场做一个实验（结果需要等路演结束时揭晓），还可以是其他创新方式。

金奖项目实例：

来自第六届金奖项目【星网测通】

各位专家大家下午好，在随后的时间里，我想请大家和我一起，把眼光投向太空……

金奖项目实例：

来自第五届金奖项目【声控大师——离线智能声控开关】

大家看到这个题目会非常奇怪……为什么要搞一个离线智能声控开关呢……

（3）情景代入式：

讲个故事，让听众产生情感的共鸣，仿佛置身某个场景之中。有了这种共鸣后，后面的路演也更能打动听众。

金奖项目实例：

来自第六届金奖项目【NASH美育】

各位评委好，我是NASH美育的项目负责人，首先我想先跟大家分享一个冷知识……

（4）视频导入式：

简单问好后，通过视频介绍，先引起评委兴趣，且让评委对项目有直观的了解，后续介绍时会更得心应手。

金奖项目实例：

来自第六届金奖项目【磁晶科技——国内首创光电通信器件的核心材料供应商】

大家好，我是磁晶科技的联合创始人××（职位+姓名），接下来请大家通过一段视频来了解我们的项目……

2. 项目介绍

项目介绍是路演稿最重要的内容，是评委了解项目并打分的主要依据。好的项目介绍，能让人听完对项目有清晰的了解。

要写好项目介绍部分的路演稿，内容要做到与路演PPT呼应，逻辑要做到清晰明了。接下来结合往届金奖项目的路演稿，进行实例讲解。

3. 市场痛点

市场痛点部分的路演稿，是项目介绍不可或缺的部分，要做到让评委认可，肯定项目存在的价值及意义，并对后续的路演有一定的期待。

可通过报告/数据等统计信息（背景说明），整理出行业存在的问题，并阐述解决问题的必要性和急切性（痛点介绍），最后引出本项目提出的解决方案以及具备的独特优势等信息（解决方案及优势）。

金奖项目示例：

来自第六届金奖项目【eDNA精准生物监测与生态健康诊断】

××报告显示……作为一个负责任的大国……（大背景下的行业痛点说明）急需有效的生物监测技术……面对困难，我们建立起……（顺势提出解决方案）首先我们全球首创了……接着，我们构建了……让效率提升超过300

倍……（详述项目优势）

4. 商业模式

商业模式是赛道评审要点明确的考核内容，好的商业模式是决定项目能否长远的因素之一。

项目运营模式、盈利模式等元素可放在商业模式板块介绍。注意，有些项目的商业模式以模型展示，需在路演稿中进行逻辑清晰的阐述，避免路演时因“即兴发挥”而出现“看图忘字”的情况。

金奖项目示例：

来自第五届金奖项目【超菌克星——细菌性疾病诊断全球领跑者】

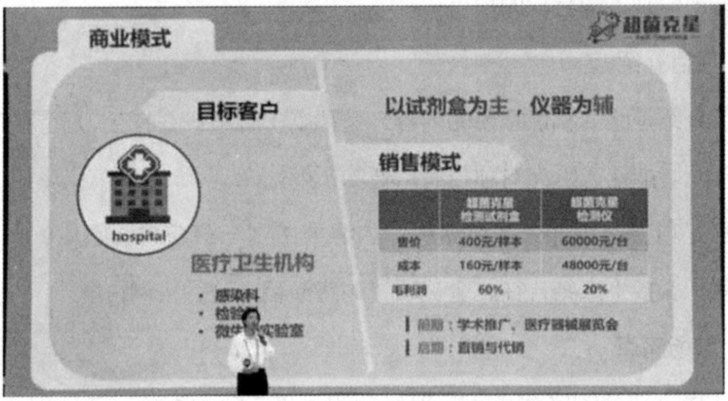

我们的目标客户是医疗卫生机构，销售模式参考打印机模式，以试剂盒为主、仪器为辅，前期我们通过学术推广对我们产品进行宣传，后续将实现直销和代销……

投资人说

直销模式是企业直接面对消费者的销售（销售人员是企业的员工），没有任何的中间商。传销模式中销售人员是以自然人形式存在的代理商，这些代理商花上一定的费用，获得代理资格，然后销售产品。传销者的重点不在于能为客户提供服务，而在于如何想办法把下线建立起来，即对潜在传销者进行洗脑，建立起人们对于模式（非产品）的信念，利用人们追求一夜暴富的心态，拉人头“入会”，然后从下线的“入会”费中提取多级收益。

5. 项目亮点

项目亮点必须有，这是项目能脱颖而出的条件之一，根据往届金奖项目情况，亮点的来源大家可参考以下几方面。

（1）国家助力成就项目亮点：

金奖项目示例：

来自第六届金奖项目【eDNA精准生物监测与生态健康诊断】

我们首先获得了国家的独家授权，我们是国内唯一……也是国家环境监测总站唯一指定开展……国家还对我们投资3000万元……

（2）竞品分析凸显项目亮点：

金奖项目示例：

来自第六届金奖项目【新“净”界——用“芯”打造空气净化安全网】

我们的产品性能上，除了在超微粒子的过滤……领先我们的竞争对手，同时我们的价格也仅为竞争对手的50%……

（3）核心技术阐明项目亮点：

金奖项目示例：

来自第六届金奖项目【新“净”界——用“芯”打造空气净化安全网】

××技术发展至今，有三大核心技术常伴我身，一、……率先突破了……二、通过……实现了……三、……大大拓展了……

（4）专利证书侧面凸显亮点：

金奖项目示例：

来自第六届金奖项目【5G通信氮化镓功放芯片】

目前公司已有跟产品相关的核心专利发明项目×项，在申请核心专利×项……

（5）获奖情况放大项目亮点：

金奖项目示例：

来自第六届金奖项目【5G通信氮化镓功放芯片】

在2020年，我们获评了中关村高新技术企业，同时获得了多项创新创业大赛的奖项……

6. 现状及规划

现状及规划也是路演稿必备的内容，能让评委清晰看到项目已获得价值和团队已做的努力，也能侧面反映团队成员的商业思维。

这部分内容主要包括内容有融资需求、股权分配，营收现状、未来规划等。需注意大多融资情况均以图示表达，路演稿中要有针对图示的讲解。

金奖项目示例：

来自第六届金奖项目【新“净”界——用“芯”打造空气净化安全网】

公司成立至今，从……成长为……未来我们会……预计营业收入可以突破××元，已达成了××元，计划释放××的股份，融资××元，目前已获得××集团的××元融资……

7. 团队介绍

优秀、凝聚力强的团队是项目的核心竞争力来源，也是项目中唯一不能复制的存在，其重要性不言而喻。

如果团队由首席科学家、创业顾问等人员组成，且有较契合项目的身份背景、工作经历，建议详细介绍以凸显项目的专业性。

金奖项目示例：

来自第六届金奖项目【eDNA精准生物监测与生态健康诊断】

我是公司的主要创始人……我的联合创始人是……他也是国际上最知名……我们还拥有一支……推广团队……

8. 带动就业

带动就业是各赛道评审规则中明确会考核的要素，有带动就业的项目，更让人相信项目的影响力以及成就。

带动就业部分路演稿，可包括是怎样做到的，具体的成效如何等要素。

金奖项目示例：

来自第六届金奖项目【eDNA精准生物监测与生态健康诊断】

我们已经培养了××名实习生……我们直接带动就业××人，间接实现了××人完成就业，我们还创造了国内全新职业……

9. 结尾词

与开头类似，结尾词的作用也不容忽视，一场高分路演一定是有头有尾，头尾分明的。

通过观看往届金奖项目路演可以发现，很多优秀项目都会在介绍结束时，喊出自己的项目口号与愿景，大家在撰写自己路演稿时也可以参考。

金奖项目示例：

来自第六届金奖项目【eDNA精准生物监测与生态健康诊断】

××科技，开创生态环境基因检测新时代，助力我国生态大保护！

金奖项目示例：

来自第六届金奖项目【新“净”界——用“芯”打造空气净化安全网】

同呼吸，共担当，××引领专业净化，做健康空气的守护者，谢谢大家！

金奖项目示例：

来自第六届金奖项目【星网测通】

星网测通，让全人类尽快用上太空Wi-Fi，让世界见证卫星互联网测量的中国力量！谢谢大家！

8.5.3　路演稿撰写技巧

前面通过往届金奖项目，介绍了路演稿的内容部分，接下来给大家介绍路演稿的形式以及撰写技巧。

合理的路演稿形式，能促使高效的路演练习，进而产生高分路演。其主要有两种形式，分别是文字版路演稿和表格式路演稿。

文字版路演稿逻辑流畅且内容完整，但不太利于路演人练习。表格版路演稿框架清晰明了，但是需花费较多的时间准备。

两者各有利弊，各团队可结合具体情况，进行路演稿的准备。但不管形式如何，为了呈现更好的路演效果实现路演目标，以下几点建议供大家参考。

1. 加入时间限制

路演有严格的时间要求，但很多团队由于时间把控失误，会出现讲解太慢内容没讲完，只能草草结尾的情况，这其实是非常影响评委对项目的印象的。再次提醒大家，路演时一定、一定要把控好时间，不要超时！

建议各团队在准备路演稿前，先明确所在地区的路演限制时间，一般为5～8分钟，再对每页PPT的演讲时间按照重要性进行初步规划，在每页路演PPT的路演稿部分加入演讲用时，让路演人开展时间及内容的辅助练习，规避正式路演时出现突发状况。

例如：核心技术、商业模式等项目重点、亮点部分可多花时间讲解。

2. 加入动作语气标注

路演并不是路演人的独白，而是一场有情绪的演讲，这样的路演会很加分。可通过语气、语调、肢体动作来调动现场情绪。准备时可根据路演稿对应内容，对情绪要求、肢体动作进行标注。

例如：讲到项目唯一性、卓越数据等亮点信息时，音量可以适当提高，自信地讲解；讲到商业模式时可适当放慢语速，给评委一定时间思考；讲到项目愿景时，情绪可适当激昂，辅以手部动作，展示出项目的宏大愿景。

3. PPT内容不用全说

PPT内容较多，但路演时间有限，不用将全部内容都叙述一遍，将每页重点阐述出来即可。路演本就考验大家在有限时间内传达重点信息的能力，如果全都念一遍，那路演稿、路演就没有意义了。

例如：讲到竞品分析时，可直接将自己的产品优势用百分比、提高倍数等数据表示出来，不用逐项进行对比再得出结论，那样很浪费时间。

4. 从事实出发

诚实是必须的，一定不能造假，要相信评委比你懂得多，如果造假，肯定会在答辩环节露出马脚。

例如：在竞品分析部分，实事求是地展示出自己的优势即可，不要出现过分比较、提高数据、试图猜测等情况。

5. 反复修改

在真正路演前，路演稿肯定会反复修改。项目、PPT的不断优化、路演人的练习反馈都会使路演稿反复修改。大赛未至，修改不止，好的路演稿都是修改而来的。

6. 熟记于心

路演人一定要对路演稿熟记于心，正式路演前要多背、多练，时间、内容、衔接语句等都要很熟练，以达到看见路演PPT页面，就能想起当前页面所要传达的重点、时长要求等。

省赛决赛/国赛路演的重要性不言而喻，这里也为大家准备了福利——往届金奖项目路演视频以及往届金奖项目路演PPT，大家可以借此学习优秀项目的路演稿撰写方式、路演的技巧等。

课堂讨论

组织一下语言，看看能否在30秒内向同学介绍你是一个怎样的人？

在__________领域，用户的痛点是__________。为了解决这个痛点，市场上已经有的产品是__________。我们的项目和市场上的东西的区别（1）__________；（2）__________；（3）__________。我们之所以能凭借这个项目赢得市场，是因为我们拥有别人不具备的3个优势：（1）__________；（2）__________；（3）__________。

我们已经在__________个月内做到了__________的规模，我们相信这是一个能快速发展到＿＿＿＿＿年收入规模的市场，我们有希望成为这个领域的一只独角兽，我们希望能得到投资人＿＿＿＿＿，换取＿＿＿＿＿的股份。

第9章

你的产品要怎样推向市场

本章内容导学

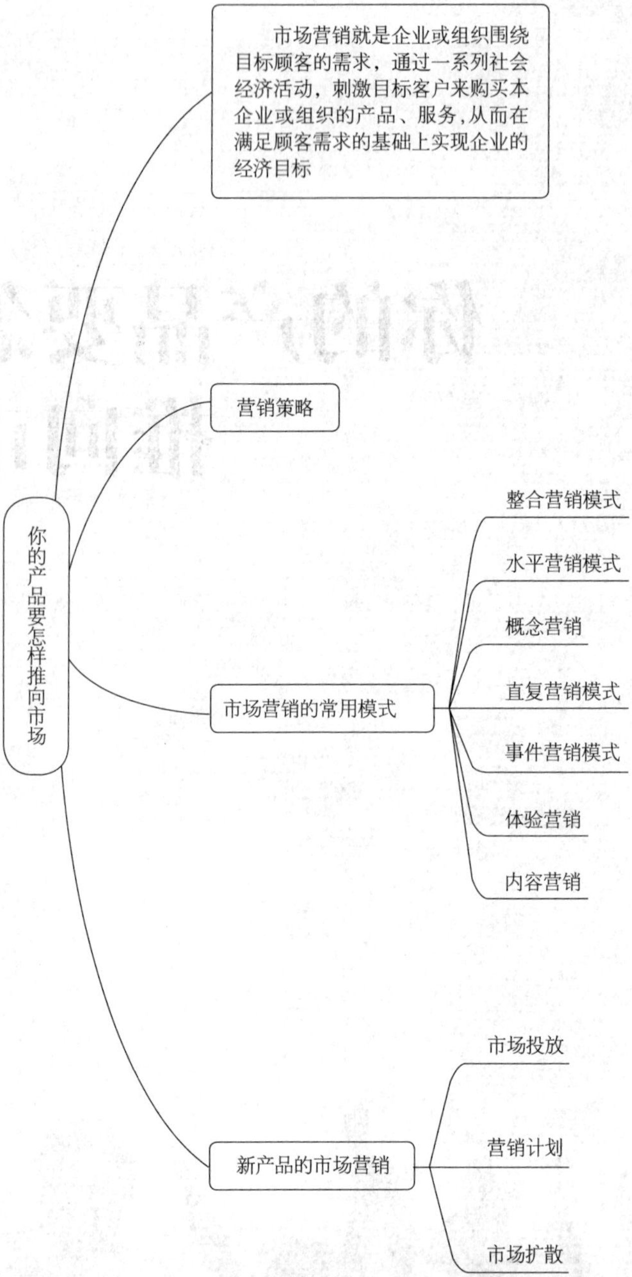
你的产品要怎样推向市场
市场营销就是企业或组织围绕目标顾客的需求，通过一系列社会经济活动，刺激目标客户来购买本企业或组织的产品、服务，从而在满足顾客需求的基础上实现企业的经济目标
营销策略
市场营销的常用模式
整合营销模式
水平营销模式
概念营销
直复营销模式
事件营销模式
体验营销
内容营销
新产品的市场营销
市场投放
营销计划
市场扩散

案例

蜜雪冰城甜蜜蜜——一首主题曲“血洗”全网

“你爱我，我爱你，蜜雪冰城甜蜜蜜～”2021年，是不是很多人都被蜜雪冰城这首魔性的主题歌“洗过脑”了？

一首让人无法自拔的蜜雪冰城主题曲，冲出B站成功“血洗”了各大平台，在2021年下半年响彻各大视频平台。甚至在公司午休时间，身边同事还甘愿充当免费播放机，走到哪里唱到哪里。在这样的氛围里，你发现自己也开始不自觉地哼唱起来这首歌了。蜜雪冰城，达成了多少商家梦寐以求的营销心愿。

2021年蜜雪冰城的这首主题曲之所以能够“血洗”全网，除了主题曲本身的魔性和旋律。其关键还在传播的底层逻辑：玩梗。

蜜雪冰城的营销一共分两个阶段：第一阶段通过个别人物法则的推动，依靠B站UP主的二次创造，让魔性的主题曲变得更加奇葩，引发了广泛传播；第二阶段，通过营销，成功破圈。不知道从哪传出“在门店唱主题曲，就能免单”。于是抖音等短视频平台的视频创作者去打卡演绎“社死现场”，蜜雪主题曲在抖音收获了60亿+的播放量。

亲近音乐创作、以趣味内容为主的天然属性，让与蜜雪冰城相关的话题一直保持着热度。蜜雪冰城不仅活跃在各大UGC的评论里，还将二创作品收集，发布了主题曲14国20种语言版本，并推出了蜜雪周边产品。这波营销堪称典范。

9.1　市场营销及其相关概念

市场营销（Marketing），在经济活动中，常被称为“市场营销”“营销活动”“市场行销”；在学科领域，往往被称为“市场学”“市场营销学”或“行销学”。随着现代企业的发展，市场营销理论不断发展创新。1985年，美国市场营销协会（American Marketing Association，AMA）将市场营销定义为“关于构思货物和服务的设计、定价、促销和分销的规划与实施过程，目的是创造能实现个人和组织目标的交换”。到了2007年，AMA更新了市场营销的定义：“市场营销是指创造、沟通、传递和交换那些对客户、委托人、合作伙伴乃至整个社会有价值的供应品的一系列活动、机制和过程。”

1. 从广义上看

市场营销是一种通过市场活动创造和与他人交换价值实现个人及组织的需要与欲望的社会过程和管理过程。根据这个定义，市场营销是一个复杂的系统工程，贯穿企业经营活动的全过程，包括产品的研发、生产、销售等产前、产中、产后环节。该定义强调将顾客的需求与欲望作为企业活动的首要因素，在产前要精准地识别顾客，了解顾客的需求特点、行为模式与偏好；产中要为不同层次的顾客需求提供个性化的服务，从而引发顾客的购买行为和企业影响力；产后还要维护与顾客的关系，维持企业的形象。

2. 从狭义上看

市场营销是企业以顾客需求为出发点，组织品牌推广与产品销售活动，以实现提升形象和销售产品为目的的一项经营管理活动。

综合来说，市场营销就是企业或组织围绕目标顾客的需求，通过一系列社会经济活动，刺激目标客户来购买本企业或组织的产品、服务，从而在满足顾客需求的基础上实现企业的经济目标。这个定义主要涵盖了以下内容：（1）强调了现代市场营销的基本指导思想，即满足顾客需求，并将其作为一条主线贯穿始终，让企业更清楚地知道和理解消费者需求，然后提供精准的产品或服务，实现产品和服务的自我销售。（2）阐明了这是一项社会经济活动，市场是营销活动的出发点和归宿，市场营销涵盖了市场调研、市场细分、目标市场、产品定位等市场活动要素。（3）体现了企业或组织要注重维护自身形象，与顾客建立起一种长期信任关系。

9.2 营销策略

案例

国产美妆品牌花西子的营销之道

2021年，花西子同心锁的广告视频从国外火回了国内。

视频主要是讲两个现代女生在一个竹林相遇，一位女生从口袋里掉出了同心锁口红，以同心锁口红为引子，讲述起了前世的古风唯美爱情故事，整个画面古风古韵，从妆容、服饰、色调到BGM都极为融洽，短短1分钟的视频呈现了不同东方佳人的美，最后又转到现代回到了同心锁口红。

这部片子在海外市场获得了大量的关注，不仅是因为故事情感线非常大胆，还有以东方特色为主基调，在特定的古韵场景下，娓娓道来的百合情。一方面对于海外来说相当于揭开了一层面纱，让用户去接触和了解东方文化美，非常具备新鲜感；另一方面，以符合品牌的定位调性，以产品为载体进行故事化的延伸。

2017年3月，花西子品牌正式诞生于杭州，并于同年8月入驻天猫。短短几年它已经完成了40亿+的销售额，是国产彩妆中增速最快的品牌。凭借“东方彩妆，以花养妆”的品牌理念，以国风、国潮元素为细分切入点，逐步向其他人群辐射。从名不见经传到进入彩妆“亿元俱乐部”，花西子只用了两年的时间。

除了精准的品牌定位以及站在国潮崛起的风口上，花西子在自己的品牌营销上选择了最适合自己的营销策略。

具体来说有以下几个方面：

1.细分市场，精准品牌定位

在花西子品牌创始人吴成龙眼中，“一个品牌能不能成长为一个大品牌，往往是由它的DNA——品牌定位来决定的”。吴成龙深谙精准“定位”、差异化竞争的重要性。2017年，全球彩妆市场规模达到725亿美元，占整体化妆品收入的13.18%，美国、日本、韩国彩妆规模以18.21%、17.78%、15.99%分列全球前三，而中国彩妆的市场份额仅为9.22%，上升空间巨大。当时中国市场占有率前20的彩妆中，只有四个国产品牌：玛丽黛佳、韩束、兰瑟、韩后，但市场占有率总和不超过8%。而追求天然成分、国风审美兴起，是化妆品行业的大趋势。于是吴成龙果断将产品的品类，定位在了“东方彩妆”这片蓝海。

2.创新产品，打造爆款单品

无论企业提供什么样的产品或服务，面临的是什么客户群体，客户都会有犹豫不决的时候，这时就需要准确了解客户需求。要想快速得到用户的响应，必须点中他的需求穴位。花西子也不例外，想要支撑起自己的品类定位和品牌定位，就必须创新产品打造爆款。花西子第一款“出圈”的美妆单品是散粉。2019年3月，花西子散粉第一次出现在李某某的直播间，截至10月15日，在小红书上，“花西子+散粉”拥有8981条笔记，其在2019年“双十一”突破70万销量的空气散粉是由珍珠、桃花、山茶花和蚕丝研磨而成，柔焦妆感被命名为“玉女桃花妆”。而以苗银为灵感，融合了图腾文化的新包装的“花西子×苗族印象”高定经典版定妆散粉，截至目前，在天猫旗舰店售出41.8万件，成为所有热销单品中的第一名。随后花西子推出的“花隐星穹雕花口红”，一时成为品牌符号，让人印象深刻。

3. 重IP、娱乐营销

花西子不断围绕国风元素做垂直IP。2018年“双十一”，李某某在直播间PK马某获胜后，“口红一哥”名震美妆圈。在与李某某达成“深度绑定”后，2019年3月，李某某开始推空气散粉，花西子迎来第一个爆发点。4月上线的花西子“花隐星穹雕花口红”，李某某在直播间持续制造悬念、发放优惠券。经过一个月的发酵让它成了天猫爆款，单月销量突破594.8万元，环比增长165%。2019年9月28日，李某某成为花西子首席推荐官。花西子产品投产前征询李某某的意见，成为双方合作的重要环节。“李某某+体验官”的模式，构建了从网红推荐到素人体验的完整体验链条。2021年6月，花西子推出了虚拟形象“花西子”，成为海内外消费者和品牌沟通的纽带，通过可塑性更强的虚拟形象，打造品牌IP明星，丰富品牌营销的表达力。

4. 注重线上线下整合营销

通过微信公众号试用等将粉丝加入微信群，进行粉丝维护，让消费者与品牌之间的联系更加紧密；花西子在微博选择与尾部KOL合作，并且将直播cut在抖音上找素人大量投放，腰尾部达人跟风“种草”，将李某某直播这件事利益最大化，形成闭环。花西子在线下推出“万人体验计划”让购买过或者使用过花西子产品的消费者都可以通过活动尝试新品，一方面拉近与消费者距离，另一方面当面沟通及时收取有用信息反馈到产品部，让消费者认同度高的产品迅速投产，降低新品失败率。

营销高手，就是能在第一时间找到对方需求穴位的人。从花西子的成功案例可以看出，之所以要进行市场营销，在于它可以刺激企业发现或挖掘目标消费者需求，从整体氛围的营造以及自身产品形态的营造去推广和销售产品，主要是深挖产品的内涵，切合准消费者的需求，从而让消费者深刻了解该产品进而购买该产品。

移动互联时代，企业进行市场营销不仅要学会思考消费者要什么，自己能给消费者带来什么，还要学会思考如何来连接消费者和产品？只有多花心思去思考怎么营造有利的销售环境才能做到事半功倍。

9.3　市场营销的常用模式

随着新媒体的发展，市场营销模式越来越多样化，具体来说有以下几种。

1. 整合营销模式

整合营销（Integrated Marketing）在20世纪90年代市场营销中占据重要地位，由被誉为“整合营销传播之父”的唐·E.舒尔茨教授系统提出。

整合营销理论认为：在与消费者的沟通中，战略性地审视整合营销体系、行业、产品及客户，统一运用和协调各种营销工具和手段，使其成为一个整体，发挥出最佳的、统一的、集中的协调效应，旨在协助企业建立与消费者之间的长期关系。

唐·E.舒尔茨又将整合营销分为内容整合与资源整合两部分，其中内容整合强调：

（1）精确区分消费者——根据消费者的行为及对产品的需求来区分；

（2）提供一个具有竞争力的利益点——根据消费者的购买诱因；

（3）确认目前消费者如何在心中进行品牌定位；

（4）建立一个突出的、整体的品牌形象，以便消费者能够区别该品牌与竞争对手之间的不同。

资源整合可以理解为营销手段整合，包括广告、直接营销、销售促进、人员推销、CI包装、事件、赞助和客户服务等营销手段，制定符合企业实际情况的整合营销策略，为企业的营销目标服务。

案例

春节整合营销，TCL凭什么创下“奇迹”？

作为中国人最重要的传统节日，春节毋庸置疑是氛围感最热烈、流量和情感最集中的时间点。国内国际大牌紧抓“春节大考”时机，开展了一系列营销活动。2022虎年春节营销中，TCL以“同一种方式在一起”为大主题，亮出了“质+量+势”组合拳，将品牌整合营销思维发挥到了极致。

新春之际，TCL先后创作发布了《同一种方式》《年味》《包边》贺岁品牌短片。虽然三部短片创意风格与角度各异，但都围绕“传统年味”话题展开，坚守着“同一种方式在一起”的统一主题，并且无论从情感还是情节，都环环相扣，连续的三部短片均制作精良，充满浓浓的高级感，既科技又人文。

TCL还进一步在“元素”和“渠道”上发挥整合营销的思维和能力，用T

虎（Wuhoo）IP形象建立统一视觉识别。1月25日，TCL发布了品牌自有新春IP形象——T虎（Wuhoo）。自此，整个CNY营销周期内，T虎无处不在。先上线了《护身虎》互动H5，参与者可以抽取或定制自己的护身虎，随后，T虎（Wuhoo）微信红包封面和定制表情包陆续上线，还有使用T虎（Wuhoo）元素的营销主题icon、春节定制礼包、媒体拜年贺卡等，全部整合上线，让代表2022中国壬寅虎年的“年味”氛围拉满，360度攻占社交互动场景。在公司内部，T虎（Wuhoo）还被制作成人偶形象，在TCL集团年会等多个场合亮相。

TCL打出了“多渠道整合”的营销组合拳，通过微博打共鸣、微信朋友圈打曝光、抖音打互动、内外视频号打穿透、头部媒体打深度爆款，多点发力：在微博上，TCL在发布《年味》和《包边》两部贺岁品牌短片时，还设计了两个微博话题，均强势登上热搜榜。其中，话题#“80后”“90后”才能体会到的年味#配合《年味》短片内容，登上热搜总榜第16位，话题阅读量高达1.3亿人次，讨论度超2万，而配合《包边》短片的话题#这包法太虎了#同样毫不逊色地登上热搜总榜第17位，话题阅读量高达6627.2万次，讨论度超2.1万，完全打开虎年氛围；在微信平台，TCL用朋友圈广告投放获取高曝光，用高质感的魔性视频和抽奖互动抓人眼球，采用春节期间腾讯首次推出的“破窗”广告创意形式，收割了一大波品牌曝光和好感；在抖音平台，TCL发起了#在一起舞虎wuhoo#抖音挑战赛，让春节在家的亲朋好友们一起舞动起来，增加整体营销的互动性与趣味性。挑战赛共获得了6.2亿次播放量、3.1万人参与，吸引了共18位百万粉丝级KOL一同参与，其间增粉21.5万人；在媒体联动上，TCL还整合了各大头部主流媒体进行深度报道，覆盖大众媒体、科技媒体、时尚创意媒体等多个类型，包括《南方周末》《新周刊》《深圳特区报》《羊城晚报》《晚安少年》等，有30余家媒体进行了深度报道，更是创造了多个10W+的“爆款”文章，多角度渗透各圈层人群，引发共情。

此外，TCL还选择了与贺岁电影《奇迹•笨小孩》跨界联动，将电影与CNY营销大主题整合在了一起，打出了“在一起就有奇迹”的宣传语，联动旗下各大产业，发布“在一起就有奇迹”系列产品海报；借助“冬奥”这个全球性热点大事件，将CNY营销大主题和企业精神都融入了与“冬奥”联动的营销理念中去。

从TCL的营销不难看出，如何玩转IMC整合营销思维，已成为当下品牌营销的大势。

资料来源：布马网络营销。

2. 水平营销模式

水平营销（Lateral Matketing），由现代营销学之父菲利普·科特勒于2003年正式提出。经济全球化导致市场竞争加剧，越来越多的企业感受到了营销的尴尬，科特勒认为现代市场品牌数量剧增；产品生命周期大大缩短；更新比维修便宜；数字化技术引发多个市场的革命；商标数与专利数迅速上升；市场极度细分；广告饱和；新品推介越来越复杂，消费者越来越难以被打动。

水平营销首先是创造性的思考，科特勒称之为“跳出盒子的思考”，它不同于纵向营销的逻辑思维，本质上是一种基于直觉的创造。水平营销就是采取横向思考，跨越原有的产品和市场，通过原创性的理念和产品开发激发出新的市场和利润增长点。这种思维的基本步骤是，首先选择一个焦点，然后进行横向置换以产生刺激，最后建立一种联结。例如，聚焦于生活中总是会凋谢的花，将凋谢置换成不凋谢，这时候就产生了“不凋谢的花”这一刺激，这个刺激对于市场是有价值的，但在实现过程中产生了逻辑思维的中断，此时通过引入塑料等材质，创造出永不凋谢的塑料的花，这就成功地建立了联结。

案例

世界最节能摩天大楼：广州珠江大厦

——“墨镜”+“潜望镜”的水平营销案例

传统概念中，办公楼是消耗能源大户，采暖、空调、照明、热水等消耗了大量的能源。而位于中国广州的一座号称“全球最节能建筑”的摩天大楼“珠江大厦”（Pearl River Tower）被认为是对抗环境污染的一盏“明灯”。

零能耗不是说珠江大厦不需要能源，而是这座大厦可利用风能、太阳能发电，最大限度地降低对外部能源的依赖。广州地处珠江三角洲，一年当中有10个月盛行东南风，珠江大厦采用曲线外形设计，面向盛行风的方向，起风时可以捕捉更多的风量，并首次在建筑内部安装了风力发电机。

同时，地处北回归线以南热带地区的广州，太阳能也相当丰富，平均年日照长达1800小时。珠江大厦的玻璃外墙上，安装了太阳能电池，可以直接供电，或者提供热水；更巧妙的是，这些太阳能电池与大厦遮阳系统集成在一起，以最佳的角度捕捉太阳光。

珠江大厦的问世，是水平营销的“墨镜”和“潜望镜”工具的组合运用。这些本不相干的组合，在跳脱出固有思维后，诞生了一种全新的建筑模式。这也为企业开发了新的市场和利润增长点。

3. 概念营销

概念营销是20世纪90年代兴起的一种营销方式。

所谓概念营销，是指企业在市场调研和预测的基础上，将产品或服务的特点加以提炼，创造出某一具有核心价值理念的概念，通过这一概念向目标顾客传播产品或服务所包含的功能取向、价值理念、文化内涵、时尚观念、科技含量等，从而激发目标顾客的心理共鸣，最终促使其购买企业产品的一种营销新理念。

案例

DR：男士一生仅能定制一枚钻戒

每一位相信真爱的女生，都有一个“一生只爱一人”的童话梦。一枚奢华闪耀的钻戒固然可以令人心动，但是守护一份恒久真爱，才是一个女人最想拥有的幸福。

Darry Ring对女性心理有着惊人的洞悉力，定位极为准确。一枚DR求婚钻戒，更像是每一对幸福爱侣的见证者、陪伴者。承载“一生·唯一·真爱”的承诺。Darry Ring首创绑定男士身份证购买钻戒模式，一生只此一枚，每一枚都有唯一的编码对应。在Darry Ring购买戒指后，还要签署一份真爱协议，其承载的意义绝不亚于一份结婚证书。DR的成功，在于懂得了一枚钻戒对于女性来说，是其背后的意义，通过男士凭借身份证一生仅可定制一枚钻戒的模式，真正赋予了一枚钻戒情感。这就是DR真爱戒指概念营销，其使Darry Ring成为众多消费者的选择。

概念营销发生在产品投入市场之前，通过产品或服务新、奇、美、特、便利等特征宣传，产生对新产品或服务的心理期待。一旦新产品上市，潜在需求就会被激发转化为现实购买活动，大大缩短新产品占领市场的周期，加快利润回报的速度。

4. 直复营销模式

直复营销（Direct Marketing），又被称为“直效营销”“直接营销”“直销”。菲利普·科特勒认为，直复营销是一种不通过中间人而使用消费者直接渠道来接触顾客并向顾客传递产品和服务的营销方式。其起源于邮购活动，是发展最快的营销形式，直复营销可以通过直接邮寄、产品目录营销、电话营销、互动电视、自助服务机、网站以及移动通信设备等进行。

直复营销的特点：

（1）目标受众明确。直复营销通常将个人作为沟通对象。无论直接邮件还是电话营销活动，都以数据库中积累的各种信息为基础。这些信息显示出了对产品或服务表现出购买倾向的个人数据，沟通活动会针对这些个人进行。

（2）双向沟通互动强。营销者与顾客之间的沟通是直接的、双向的，营销者通过某些或特定的媒介向目标顾客或准顾客传递产品或者服务信息。直复营销活动会在广告过程中要求顾客立即回复信息，即鼓励他们打电话或邮寄明信片订货或索取更多的信息。

（3）效果易衡量。直复营销优于普通营销方式的另一显著特征，在于对营销活动结果的跟踪方面。营销过程中无论活动项目是否得到回应，都与每一个目录邮件、每次广告或者每个直邮直接相关，效果具有可衡量性。

（4）建立长期关系。传统的营销者更多地关注如何开发潜在客户而不是试图保留现有的客户，而直复营销则看重与现有顾客的关系维护，通过各自沟通维持与现有客户的长期关系。

企业采用直复营销对完备的物流配送体系，高度现代化的信息处理与交换系统，庞大的客户数据库、完备的“客户满意度服务体系”都有着较高的要求。数据库是影响所有采用直复营销手段的企业成败的关键，在整个直复营销活动中占据极其重要的地位。

案例

宝马：BMW贵宾专享体验日活动

2021年，宝马针对机构、机关等客户开展了贵宾专享体验日活动，集中店内特定客户群、举行高端客户试驾互动。以风景试驾为主要活动形式，通过到店参观、BMW文化宣讲、风景试驾、郊外休闲娱乐等活动，让客户感受到宝马尊贵体验与品质生活。与此同时，要求试驾客户通过填写调查问卷等及时对宝马服务进行反馈。通过活动进一步增强了宝马在其高端客户心目中的品牌号召力，解决了店内试驾效果一般、体验感差等问题，近距离地接触目标群体，了解固定群体需求，建立客户数据库，最后借助专业的试驾讲解，直接促进销售。

5. 事件营销模式

事件营销（Event Marketing）是指企业通过策划、组织和利用具有名人效应、新闻价值以及社会影响的人物或事件，引起媒体、社会团体和消费者的兴趣与关注，以求提高企业或产品的知名度、美誉度，树立良好的品牌形象，并最终促成产品或服务销售的营销手段。

在新媒体时代，自媒体、社区圈层带来信息的大爆发，企业更强调营销的黏性和消费者的参与度，以及在纷杂的信息中引发消费者关注的吸引性。

事件营销又借力模式和主动模式。借力模式就是企业将议题向社会热点话题靠拢，从而实现公众对热点话题的关注向企业议题的关注的转变。借势策略主要有借明星之势、借体育之势、借新闻之势三种。如现在的企业都想成为奥运会、世博会、世界杯、冬奥会的赞助商或合作伙伴，其实都是为了借势。

案例

伊利，双奥第一赢家

2022年冬奥会在北京举办。借本届主场之便，各品牌在北京冬奥会的借势营销上，可谓“八仙过海、各显神通”。

伊利——作为北京2022年冬奥会和冬残奥会唯一官方乳制品合作伙伴，更是毕其功于一役，交上了一份接近满分的“毕业考卷”。冬奥营销战役的成功，源于品牌冬奥内容全民触达率超过90%的海量信息传递，包围式营销不仅实现声量全面领先，也建立了全行业第一的“奥运身份”认知度。

2021年伊利精准预判冰墩墩将爆红，便展开联名产品布局。在冬奥周期中，伊利“非常熊猫”成为市面上仅有的冰墩墩IP联名产品，通过品牌运营赋能业务，使销量暴涨，实现了真正的品效合一。

数据显示，伊利利用电视端、字节系、腾讯系、微博及户外五大媒介阵地，实现了冬奥内容全民触达超过90%；也就是超过九成的国人都看到了伊利为冬奥会精心筹备的内容。伊利整合线上线下全渠道发力，获得了春促+冬奥营销周期内媒介声量全行业的全面领先。

主动模式则是企业主动进行议程设置，通过传播使之成为公众所关注的热点。企业结合自身发展需要，通过策划、组织和制造有新闻价值的实践，来吸引媒体、社会团体与消费者的关注和兴趣。

案例

B站掀起“后浪”大潮

2020年五四青年节之际，Bilibili网站专门邀请了国家一级演员“60后”的何冰发布了一个《后浪》演讲，观看3小时破100万人次。当日晚间，《后浪》在央视一套播出，并登录《新闻联播》前黄金时段。据统计，《后浪》在站内共收获1100万播放量，17.7万弹幕，131万点赞。伴随着激昂的背景音乐、动情的文案，代表着“前浪”的何冰表示了对年轻一代“后浪”的理解和祝福，深深打动了年轻一代的心。利用情怀制造热点，B站这段营销无疑是成功的，《后浪》一出，B站一夜之间股价大涨5%，增资34亿元。

事件营销在具体操作上有几点要注意的：

（1）结合企业自身特点和事件的核心选取恰当的切入角度，控制媒体和舆论的导向；

（2）把握事件的关键人物和关键环节，积极引导整个事件的走向；

（3）进行后续操作，设法将短期效应切实转化为企业的知名度和美誉度；

（4）以实现市场效益为最终目的，形象宣传与产品促销并重。

创业者说

新媒体的运营要避的坑：明确自己账号的定位，保证内容上的垂直度。如今的新媒体平台呈现多样化，扁平化特征，账号至今的竞争首先要考虑的是内容，不要随意抄袭或者搬运别人的内容，以免触犯《中华人民共和国知识产权法》。

6. 体验营销

案例

多抓鱼：线上线下体验营销的结合

作为二手商店的新品牌，多抓鱼是上海安福路上的热门打卡点。品牌宣传语“好的东西值得被使用两次”，在社交平台上的UGC内容经常被标记为“温暖”“情怀”“环保”等品牌印象。那么，多抓鱼是如何做到体验营销的呢？

（1）线上体验：前台内容社区+后台精准回收系统让C2B2C二手交易服务保证购物体验

在多抓鱼的小程序上，社区内容的呈现形式为书单，书单的主题由多抓鱼官方或者用户组成的客座鱼编提供，在主题下每位用户都可以推荐自己喜欢的书并附上推荐理由。书单的主题不像传统书店那样按照书上架的类型直接分门别类，而且在更细分的角度，如通宵读完的一本书，更易激发一览书单的好奇心。

除二手书外，还开拓了二手服装、电子产品业务的多抓鱼更像一家大型买手集合店。多抓鱼曾经出过一条关于其工厂作业流程的视频，其后台由数据处理决定产品回收范围，保证产品的受欢迎程度以及收益，鉴定真假、自动化消毒和重新包装，保证回收产品二次出售的质量。自2017年成立至2021年12月，多抓鱼已卖出2000万册图书。

在细节上，多抓鱼也有遵循品牌的slogan“好的东西值得被使用两次”。创始人猫助在文章中说到多抓鱼会把用户寄过去的干净纸箱再利用，并贴上环保循环箱，包裹的填充物使用可降解材料，以及使用可降解膜进行塑封，让用户购物体验更佳。

（2）线下体验：探索式门店设计+回收模式相关的有趣活动形成体验附加值

在上海安福路的多抓鱼门店，首先从门店的设计就摆脱了传统书店的样式，以猫的Logo作为IP，加深用户对多抓鱼的印象。紧接着，入店后的长廊通过有趣的文案介绍多抓鱼是什么。

多抓鱼创始人猫助在播客中称，这是为了让不知道多抓鱼是什么的顾客在进店前，简单了解多抓鱼并让心情放松。

多抓鱼门店的设计以绿色为主，紧贴回收环保相关的颜色联想，并且空间光线充足，犹如一个干净的市集。细心观察店铺的指示，会发现二手衣物的服务也提供现场改衣服服务。

多抓鱼通过二手书这一媒介，与用户建立了情感连接。其中，2018年的“书中生物展”是多抓鱼在回收处理书籍时，发现书中有不少旧主人遗忘或遗漏的物件，例如，背面有感谢语的高考答题卡、已分手的情侣照、有现金的压岁红包，其中最多的是登机牌和火车票，引起了共鸣并吸引用户前去打卡。

打开多抓鱼的官方社媒账号，可发现很多用户自发分享多抓鱼的消费体验，发现书上有旧主人有趣的记录时，也会拍照发微博并@多抓鱼。

另外，也发现多抓鱼构建了与用户的沟通暗号，如上述提到的客座鱼编，员工自称渔民，用户是“精神股东”，通过构建场景去靠近用户。正如三顿半的星球系统，围绕星球的故事与用户进行互动，产出大量真实且认同品牌体验的UGC内容。

体验营销（Experience Marketing），是以消费者的感官、情感、思考、行动和关联五个方面为原则，以服务为中心，以商品为素材，注重从生活与应用场景出发，塑造感官体验及思维认同，以此吸引消费者的注意力，改变消费行为，并为产品找到新的生存价值与空间。体验营销有知觉体验、思维体验、行为体验、情感体验、相关体验等类型。

体验营销与商品营销、服务营销相比，既有共性，又有个性。相同点就是它们都是为了满足顾客的需求，区别主要在于提供物、提供方式等不同。体验营销主要有无形性、个性化、互动性、主观性、延续性等特点。体验营销比传统营销更注重场景，更希望建立深厚的顾客关系与忠诚度，一种长期并希望与用户共创的关系。

影响体验结果的主要因素有公司营销策略和个体差异。体验营销策略中影响体验结果的主要有体验产品、体验价格、体验广告、体验地点等。个体差异包括对体验期望、体验结果的影响两部分。

要想做好体验营销可以从以下几个方面下功夫：

（1）营造场景塑造：

想要打造沉浸式的体验营销，离不开社群生态的营造，在讲究“氛围感”的时代，品牌必须全域打响生态氛围，从而构建起自身的品牌标签。

2021年4月，小米春季全家族新品在聚划算欢聚日首发，继续瞄准粉丝经济这块流量池。在上海大悦城搭建起米粉新品体验店后，小米集结了一众新机发烧友参与线下互动。小米欢聚日独家定制的“生生不息”环保礼盒一经推出，就吸引了4万人参与抽签，总成交打破聚划算欢聚日手机类目新纪录。在新能源汽车发布等品牌重大事件节点上，小米联手聚划算欢聚日，发布会期间登上热搜7次，掀起各渠道米粉热议潮。

（2）营销场景互动：

其次，社群无时无刻不处于人际关系网络中，社交性是体验营销必须重视的要素之一。聚划算欢聚日等平台通过连接品牌方与消费者，以社交形式爆发式拉动流量增长，成为品牌抓住社交裂变的重要武器。

对于本身就自带流量的迪士尼而言，拓展品牌人群结构是当务之急。2021年，迪士尼首次与聚划算欢聚日合作，官方旗舰店重新开业，“迪士尼彩蛋”主题定格动画视频观看量直达1700万人次，欢聚日特别定制的H5开彩蛋互动量也超过了12万人次。其线下门店的搭建彩蛋装置，更增强了营销体验。2021年，迪士尼成为聚划算平台品牌成交全年TOP2，活动新客占比92%。

（3）营销场景运营：

对于体验营销而言，一个场景就是一件产品。因此，体验营销也需要强调社群本身的产品性。

2021年百丽集团首次尝试沉浸式秀场，并结合了密室逃脱互动形式，邀请李宇春、黄明昊、宋祖儿、白鹿、周也、马伯骞等超百名明星KOL打造了星光熠熠的欢聚盛典。联合利华集团与阿里共建全网环保人群包，结合阿里妈妈智能黑盒环保人群标签，精准触达500万人群，转化效率提升55%，成交环保新客43万+；在智能生活场景构建上，美的生活艺术展北京开展，景甜与美的总裁同框逛展，同步直播带货，直播累计观看34.54万人次，成交总金额达六位数；在品牌升级上，babycare通过pop-up-store线下快闪店、小熊熊抱扫楼两场线下事件以及领养野生北极熊品牌公益事件完成了母婴行业TOP1商家品牌化首战。

7. 内容营销

内容营销（Content Marketing），2001年由美国内容营销协会创办人乔·普利兹提出，是指以内容为中心进行的营销，它可以包括所有的营销方式，涉及建立或共享的内容，目的是接触并影响现有的和潜在的消费者。内容营销是互联网发展的产物，它充分利用了互联网传播与营销的快捷、便利以及低价的优势，迅速发展成为新兴的营销方式。

内容营销不仅需要关注内容，如营销的主体（通过谁进行营销）、内容营销的手段（采用什么方式进行营销）、内容营销的客体（针对谁进行营销）；还需要关联内容产业（如何生产内容）、自媒体营销（如何通过互联网平台）；大数据分析（如何在大数据分析的基础上进行有效营销）。内容营销把内容生产与消费关联起来，内容营销的关键是内容创新。内容创新既包括所提供的内容的创新，也包括内容传播方式、内容营销方式的创新。

受经济大环境和新冠疫情影响，营销呈现出更多新趋势和变化。内容营销脱颖而出，呈现出以下特点：

（1）营销主体方面。近年来，品牌更倾向于把预算投入效果转化类的营销工具上，直接销售转化能力和平台的流量是广告主选择平台时最重要考量因素。短视频成为品牌选择营销的主要渠道，近五成品牌对2021年营销市场信心正向，将加大预算投入。

（2）营销手段方面。长视频、短视频和直播边界逐渐模糊，走向相互融合。优质内容是连接不同形式内容的重要纽带，长视频成为流量原产地，在用户话语权平权化大背景下，品牌方的内容营销不做品牌宣讲，而让品牌“溶解”在用户喜欢的内容里。受众契合度成为品牌选择营销手段最重要的依据。随之而来的便是，品牌赞助从内容营销提升至内容战略，品牌营销贯穿每个沟通触点。疫情后电商直播成为新风口，是品牌主最关心的营销方式和营销渠道。

（3）营销客体方面。社交互联网重塑着社群和社区，让分散的大众重新聚合与分离，过去以年龄、性别、地域和收入等人口属性硬指标来定义目标人群的方式不足以让品牌进行精准营销，内容营销时代消费人群基于共同兴趣、态度、美好、价值观，更具细分和差异化。“Z世代”成为消费主力，以兴趣圈层为导向，更具个性化消费，强烈自我表达和独立独行的生活态度。

（4）消费品牌方面。内容营销助力新消费品牌崛起。新消费品牌区分更细，仅食品类，就分成植物食品、网红食品、网红代餐、蛋白饮料、无糖饮料等门类。

内容营销最为显著的特点就是通过对目标群体的精准定位，根据目标群体的需求及习惯定制个性化内容，引发目标群体情感共鸣来吸引其共同参与。在2021年，品牌的内容营销玩出了新高度。

案例

抖音X七大博物馆

在2018年国际博物馆节来临之际，一个《第一届文物戏精大会》的创意视频在抖音火爆起来。各大博物馆的镇馆之宝在视频中纷纷变成戏精，鬼畜的画风，让人欲罢不能。

一个是年轻的新媒体网红平台，一个是传统的文化艺术殿堂，这对自带反差的混搭CP强强联手搞事儿，创造出来的奇迹自然是不可小觑。目前，该视频累计播放量突破1.18亿人次，点赞量达650万，分享数超过17万。

9.4　新产品的市场营销

9.4.1　市场投放

1. 投放前的准备

（1）建立营销能力。企业需要对新产品的营销人员进行专业培训，包括产品性能、价格、服务等方面。

（2）建立服务能力。建立售前和售后服务网络，包括必要的设施、人员和资金。

（3）售前促销。

（4）提高产品的购买性。建立覆盖面广、高效的营销渠道，确保消费者能够方便地购买。

2. 产品预告

产品预告是通过媒体，向社会展示新产品并接受评价。新产品预告明确产品价格、档次、购买渠道、所有权等。

3. 首次投放

首次投放的目的是引导消费者使用产品并形成反复购买。它可以使企业发现市场对产品的认知，以及新产品营销计划的不足。

9.4.2　营销计划

1. 营销计划的环境分析

（1）市场描述。对新产品可能进入的市场进行分析，包括消费者及其购买行为、竞争对手的优缺点、新产品的定位、目标市场、销量和利润、分销渠道、其他影响市场的因素。

（2）产品分析。对新产品的性能、包装、功能、期限做描述，并与竞争对手进行比较。

（3）营销计划的目标。新产品计划所要达到的销售额、市场占有率、产品盈利水平等。

2. 市场细分

市场可以按不同的因素进行细分，如不同的产品用途、地理位置、人口统计标准、兴趣爱好、消费习惯、消费心理等。

3. 产品定位

在选定目标市场后，新产品营销者还要在目标市场上区分新产品和已有产品。产品定位可以按照产品特色、作用、利益等属性，也可使用替代因素定位法。

9.4.3 市场扩散

1. 新产品特征与市场扩散

（1）创新产品的相对优点。诸如功能、可靠性、便利性、新颖性、价格优势等优点越多，市场接受得越快。

（2）创新产品的适应性。创新产品必须与目标市场的消费习惯以及人们的产品价值观相吻合。当创新产品与目标市场消费习惯、社会心理、产品价值观相适应或较为接近时，则有利于市场扩散。

（3）创新产品的简易性。这要求新产品设计、整体结构、使用维修、保养方法必须与目标市场相适应。一般而言，只有结构和使用方法简单易懂的新产品，才更有利于推广。

（4）创新产品的明确性。这是指新产品的性质或优点是否容易被人们观察和描述，是否容易被说明和示范。凡信息传播较便捷、易于认知的产品，其扩散速度均比较快。

2. 购买行为与市场扩散

人们对新产品的采用过程，即购买行为，客观上存在着一定的规律性。一般表现为认知—兴趣—评价—试用—正式采用五个重要阶段。

（1）认知。这是个人获得新产品信息的初始阶段。新产品信息情报的主要来源是广告，或者通过其他间接的渠道。显然，在此阶段目标受众所获得的消息是零散的一般性了解。

（2）兴趣。在此阶段，潜在消费者会积极地寻找有关资料，并进行对比分析，研究新产品的具体功能、用途、使用等问题，如果满意，会产生初步的购买欲望。

（3）评价。这一阶段消费者主要权衡新产品的边际价值。如采用新产品获得的利益和可能承担风险的比较，从而对新产品的吸引力作出判断。

（4）试用。消费者开始小规模地试用新产品。通过试用，消费者评价自己对新产品的认识及购买决策的正确性。

（5）正式采用。消费者通过试用收到了理想的效果，就会放弃原有的产品，完全接受新产品，并开始正式购买、重复购买。

3. 顾客对新产品的反应差异与市场扩散

在新产品的市场扩散过程中，由于社会地位、消费心理、产品价值观、个人性格等多种因素的影响，不同消费者对新产品有着不同的反应。

（1）创新采用者。也称为“消费先驱”，通常富有个性，勇于革新冒险，性格活跃，消费行为很少听取他人意见，经济富裕，社会地位较高，受过高等教育，易受广告等促销手段的影响，是企业投放新产品时的极好目标。

（2）早期采用者。一般较年轻，富有探索精神，对新事物比较敏感并有较强的适应性，经济状况良好，对早期采用新产品具有自豪感。这类消费者促销媒体对他们有较大的影响力。

（3）早期大众。这部分消费者一般思想不保守，接受过一定的教育，有较好的工作环境和固定收入；对社会中有影响的人物，特别是自己所崇拜的“意见领袖”的消费行为具有较强的模仿心理；不甘落后于潮流，但由于特定的经济地位，购买高档产品时持非常谨慎的态度。他们经常是在征询了早期采用者的意见之后才选择购买新产品。研究他们的心理状态、消费习惯，对提高产品的市场份额具有很大的意义。

（4）晚期大众。指较晚地跟上消费潮流的人，他们的工作岗位、受教育水平及收入往往比早期大众略差，对新事物、新环境多持怀疑或观望态度，往往在产品成熟阶段才加入购买。

（5）落后的购买者。这些人受传统思想束缚很深，思想非常保守，怀疑任何变化，对新事物、新变化多持反对态度，在产品进入成熟期后期甚至衰退期才能接受。

新产品的整个市场扩散过程，从创新采用者至落后购买者，形成完整的“正态分布曲线”，这与产品生命周期曲线极为相似，为企业规划产品生命周期各阶段的营销战略提供了有利的依据。

投资人说

创业者在找投资人，投资人一样也在找创业者。但创业者更多考虑怎样把项目做成，投资者更多考虑哪些因素可能导致创业失败。创业者是正向思维，投资人是负向思维，从思维方式角度讲“投资人更省力”。投资人看创投项目，主要看人，尤其是创始人，因为企业文化就是创始人文化，看综合素质，不看哪种素质。

课堂讨论

假设你家是养蜜蜂的，你要怎样把蜂蜜推向市场，并让它受到广大老百姓的喜欢并食用？

第10章

新媒体与大学生创业

本章内容导学

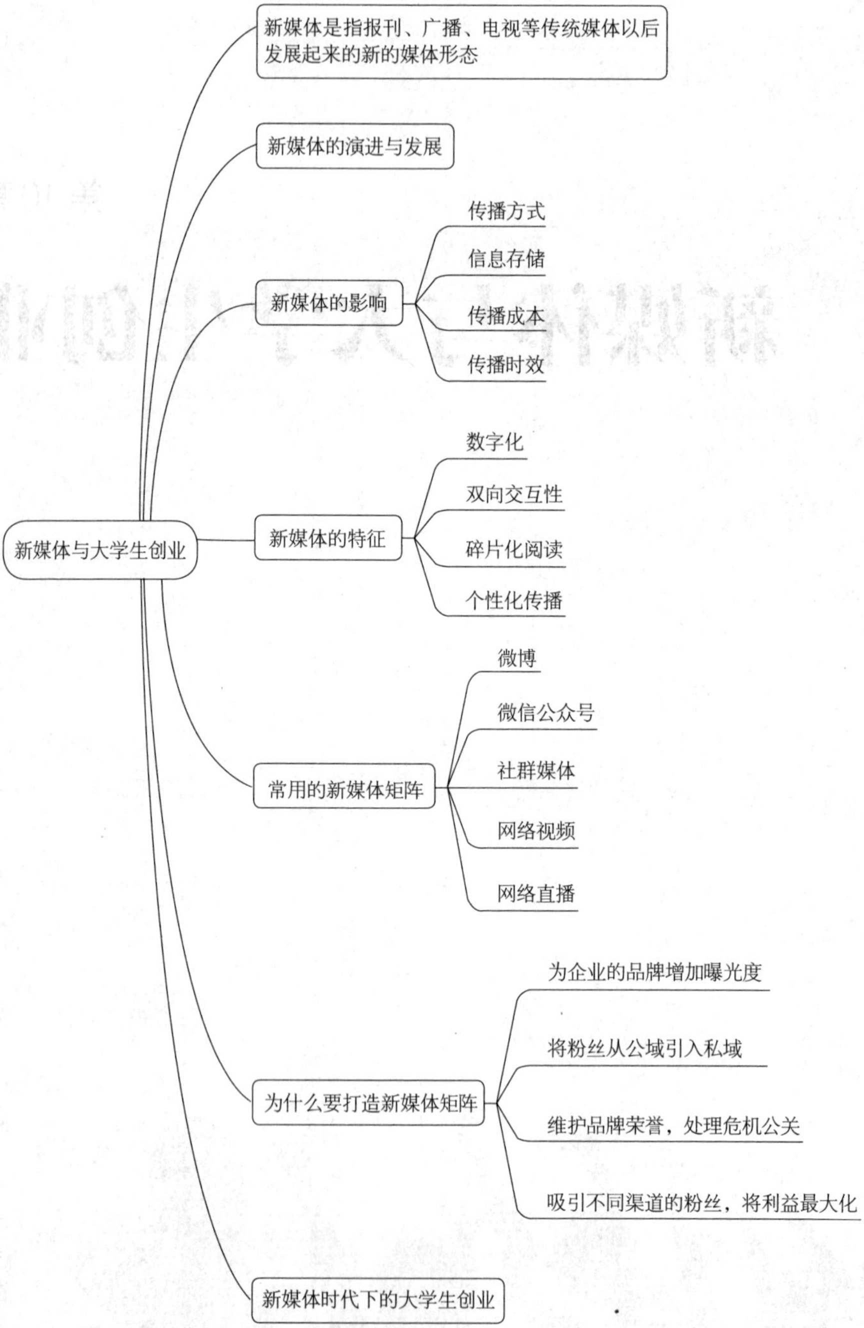
新媒体与大学生创业
新媒体是指报刊、广播、电视等传统媒体以后发展起来的新的媒体形态
新媒体的演进与发展
新媒体的影响
传播方式
信息存储
传播成本
传播时效
新媒体的特征
数字化
双向交互性
碎片化阅读
个性化传播
常用的新媒体矩阵
微博
微信公众号
社群媒体
网络视频
网络直播
为什么要打造新媒体矩阵
为企业的品牌增加曝光度
将粉丝从公域引入私域
维护品牌荣誉，处理危机公关
吸引不同渠道的粉丝，将利益最大化
新媒体时代下的大学生创业

10.1　什么是新媒体

10.1.1　新媒体的定义

新媒体（New Media），这一在今天高频使用的词语究竟是什么，其实难以界定且概念模糊。有人把微博、微信等社交媒体定义为新媒体，也有人把腾讯视频、芒果TV、Bilibili等视频播放平台归类为新媒体，还有人将抖音、快手等社交短视频称为新媒体。可以看出，不同时期、不同领域、不同的人，在使用这一概念时会有不同的指向。

新媒体一词的出现可以追溯到1967年的美国，哥伦比亚广播电视网（CBS）技术研究所所长P.戈尔德马克在一份商业开发计划中率先提出，新媒体其实是指电子录像。虽然当时的新媒体并不是今天的新媒体，但新媒体一词就此流行起来，而且迅速从美国开枝散叶，形成一个庞大的家族。美国著名科技类杂志《连线》（*Wired*）从传播受众的角度将新媒体定义为“所有人对所有人的传播”，即人人皆媒体。

媒介是传播信息和意义的方式，它延伸着我们的感官和管制能力，赋予其新的形式[1]。互联网、微博、微信、社交短视频、虚拟现实都被定义为新媒体，但这些是新媒体的全部吗？新媒体或许不应局限于一成不变的学术概念，给予它一个一劳永逸的定义。随着计算机技术的蓬勃发展，新媒体的定义也将与时俱进，正从人人皆媒体的众媒时代走向人机交互的智能媒体时代。在当下，新媒体是社会化媒介应用对大众传播的重新定义，在未来，将是AR和VR、物联网、人工智能技术驱动下“物”和“机器”对传播的再定义。从专业传播到万众传播，再到未来的万物皆媒体，新媒体对于传播的不断改写过程，也正是用户的角色不断变化的过程，而这种角色变化也导致了人与媒体、人与人、人

[1] 杰弗里·温斯洛普·扬.基特勒论媒介［M］.北京：中国传媒大学出版社，2019.

与物的关系的不断变化❶。

综上所述，新媒体应该包含两个意思："新"和"媒体"。"新"是相对于传统"旧"媒体而言的，是指在报刊、广播、电视等传统媒体以后发展起来的新的媒体形态；"媒体"是一个传媒经济学概念，是指存储、呈现、处理、传递信息的经济运营实体，即媒介组织和媒介组织形态❷。简而言之，新媒体是指相对于报纸、广播、电视等传统媒体的新的经济运营实体，具体形式如互联网、社交媒体、移动媒体、网络视频（含短视频）、网络直播、网络游戏等。

10.1.2 新媒体的演进与发展

1. 新媒体的演进

美国传播学家丹尼斯·麦奎尔认为："真正的'传播革命'所要求的，不只是信息传播方式的改变或者受众注意力在不同媒介之间分布上的变迁，最直接的驱动力，是技术（technology）。"新媒体的演变进程基于两条不同历史发展轨迹的融合：计算机与媒体技术。前者以19世纪30年代，英国数学家、发明家查尔斯·巴比奇（Charles Babbage）设计的分析机为标志。分析机算得上是世界上第一台计算机，它取代了政府和企业中普遍存在的、由制表员和计算师承担的机械性工作，可以更高效地运算数值类数据；后者以1839年法国发明家、艺术家和化学家路易·达盖尔（Louis Daguerre）发明的银版照相技术为标志。这是一种全新的图像制造方式，能够栩栩如生地再现过去。

长久以来，计算机与媒体各自平行发展，并无交集。在整个19世纪和20世纪初，大量机械的、电子的制表机（tabulator）和计算器不断研发出来，运行速度越来越快，用途也日益广泛。同时，现代媒体开始崛起——照相干版、电影胶片、留声机等各种物质载体将图像、影像序列、声音和文本保存下来。

❶ 彭兰. 新媒体用户研究：节点化、媒介化、赛博格化的人［M］. 北京：中国人民大学出版社，2020.

❷ 谭天. 新媒体新论［M］. 2版. 广州：暨南大学出版社，2016.

19世纪90年代，现代媒体进一步发展——从静止图像发展到运动影像。19世纪90年代不仅是媒体发展的关键时期，也是计算机领域的重要10年。进入20世纪后，1936年成为媒体和计算史的重要节点。英国数学家艾伦·图灵（Alan Turing）写了一篇题为《论可计算数》（On Computable Numbers）的论文，发明了通用图灵机。

随后，德国工程师康拉德·楚泽（Konrad Zuse）研制出第一台数字计算机，标志着媒体与计算机的历史进一步联系起来。他的创新之一是使用穿孔带来控制计算机程序，而他用的“带子”实际上就是废弃的35毫米电影胶片。媒体与计算机两条历史轨迹最终得以相遇，成为一体。计算机使信息的交换成为可能。以往的存储方式往往是单一的，比如报纸的载体是纸张，广播的载体是收音机，电视的载体是电视机，等等。而计算机通过比特的方式实现信息的存储、处理和传播。所有媒体都被转化为可供计算机使用的数值数据。图像、运动影像、声音、形状、空间和文本都成为可供计算机处理的数据。简言之，媒体成了新媒体。

当下，互联网的诞生推动计算机媒体革命进化到了一个新的阶段，不仅影响了传播的所有阶段和传播速度，包括信息的获取、操纵、存储和分发；也影响了所有的媒体类型，包括文本、静态影像、运动影像、声音和空间建构。

2. 新媒体发展历程

迄今为止，新媒体的成长历程可以分为四个阶段：以浏览信息为主的Web1.0时代；交互分享的Web2.0时代；聚合平台的Web3.0时代；社群兴起的Web4.0时代。

第一阶段：以浏览信息为主的Web1.0时代

Web1.0出现于20世纪90年代和21世纪初。这一时期，互联网是静态、只读的HTML页面，用户主要通过浏览网络提供的内容从中获取有用的信息，用户主要是被动接受信息。当时人们热衷于建设的网站是门户网站，门户网站发展刚起步的时候，只提供搜索服务和网站目录服务。在Web1.0时代，信息传播呈现出金字塔结构，塔尖是信息散播方，底层则是接收信息的广大用户，主要特点是利用互联网进行信息的大规模发布，信息的交流以单向为主，用户仍是被动地阅读、接受互联网信息。Web1.0以新浪、搜狐、雅虎等门户网站为代表。

第二阶段：交互分享的Web2.0时代

Web2.0也被称为“读写网络”，出现于2004年左右。它由社交媒体网站、博客和在线社区组成，这一时期，新媒体的交互性开始逐渐显现出来。交互电视开始出现，互联网诞生了Google和中国的百度这样的公司，主动搜索和寻找信息成为互联网行为的核心动作。用户可以主动搜索需要的信息，并根据自己的需求选择内容。这个时代传播者与受众的交互、分享初步形成。典型代表有各种BBS、博客等。

Web2.0时代，基于六度分隔理论，强调的是信息的交互性，互联网用户不再是被动阅读、接受信息，既是信息的浏览者，也是信息的制造者，通过用户与用户之间、用户与网站之间的双向交流，实现了社会化网络的构建，博客是Web2.0时代的典型互联网应用。

第三阶段：聚合平台的Web3.0时代

以太坊作为Web3.0的引领者，2015年才正式发布。Web3.0时代的互联网应用不仅体现出“自媒体”特点，更体现出一种信息自由整合、业务极度聚合的“自系统”特点。作为Web3.0的典型应用，微博几乎可以将与其基本协议一致的所有互联网应用聚合到其自身的开放平台上，使得它成为一种新的强大的媒体形式。

第四阶段：社群圈层的Web4.0时代

2015年以来，随着各大社交媒体及网络平台的崛起，自媒体得到更加繁荣的发展。然而经过“井喷式”的爆发增长后，自媒体的粉丝越来越多，但文章阅读量却在下滑，发展陷入了瓶颈。因此，一些自媒体开始思考如何升级为社群媒体，获得持续的内容生产和变现能力。抖音、快手等短视频平台就是Web4.0时代的佼佼者。社群圈层的最大特点就是市场更加细化，输出优质内容形成社群圈层，建立起中心化的信任关系；依靠社交平台沉淀社群关系，确保和积极群员高频互动；为目标受众提供匹配度更高的商品或服务，以实现流量变现。

10.1.3 新媒体的影响

1. 对传播方式的影响

报纸、广播和电视等传统媒体在信息传播过程中往往受到时间、空间和地域的限制，有些信息在整理发布的过程中就已经过了时效。新媒体则借助计算机和网络技术，打破了传统媒体在信息传播过程中时间、空间和地域上的局限，可以实现跨时空传播。5G技术和智能手机的发展，进一步推动了新媒体信息传播，人们可以随时了解信息、谈论实际，参与到网络交流和互动中。

2. 对信息存储的影响

传统媒体往往是通过报纸、广播或者电视进行信息传播，但这种传播方式对信息的存储提出了要求。建立在计算机技术基础上的新媒体，则可以利用大数据、移动互联网以及云盘等功能，实现信息流的实时存储和优化。不仅如此，新媒体还可以利用关键词检索和查询，进行反复阅读和数据回溯。

3. 对传播成本的影响

传播的成本既包括媒体端收集和传播信息所花费的人力、物力和财力，还包含受众端接收信息所付出的成本。传统媒体为了收集、处理和发布相关信息，必须花费一定的人力、物力和财力，传播成本相对新媒体要高。而互联网新媒体可以利用网络平台免费发布信息，传播成本比传统媒体低很多，其信息传播方式也非常简便，只要有终端和网络覆盖，利用相关的传输平台就能随时发布信息。

4. 对传播时效的影响

互联网不仅是一种公用信息的载体，而且是迄今为止传输速度最快、传播范围最广的媒体。截至2021年1月，全球互联网用户数量为46.6亿，全球互联网普及率为 59.5%；截至2021年6月，我国网民规模达10.11亿，互联网普及率达71.6%。新媒体以强大的内生动力影响着个人细微的行为，同时也改变了我们最宏大的生活空间。

10.1.4 新媒体的特征

1. 数字化呈现

新媒体最为显著的特点即数字化的传播方式。科学技术的不断进步，必然带来数字化传播方式。Nicholas Negroponte在《数字化生存》一书中提出："现代信息技术的突飞猛进必然将改变人类的工作、学习、娱乐方式，即人类的生存方式。""当无数产业扪心自问'我在数字化世界中前途将如何'时，事实上，它们的前途归根结底要看它们的产品或者服务能不能转化为数字形式。"而新媒体就是通过全方位的数字化过程，将所有的文本缩减成二进制元编码，并且可以采用同样的方法生产、分配与储存的过程。

2. 双向交互性

尽管传统媒体也有一定的互动性，但新媒体是双向交流的媒体，"双向交互性"是新媒体较之传统媒体的一大优势，可以做到无处不在、即时互动。新媒体还可以实现个人对个人、多人对个人、个人对多人和多人对多人的同步或者异步传播。这样，新媒体的受众不仅是信息的接收者，也可能是信息的发布者，用户内容生成（UGC）使得新媒体的传播效果更加直观和强烈。

3. 碎片化阅读

随着计算机媒体革命，信息瞬时覆盖到每一处网络。手机、台式计算机、手提电脑、ipad、智能手表……只要连接上网，现实生活中的影像和文字就能成为传播碎片在新媒体世界飞驰。碎片化阅读，是新媒体发展的必然结果。快捷的社会生活节奏，人们思维的不连贯、心态的浮躁，深度阅读几乎很难实现。新媒体碎片化阅读体验的优势得以放大，在为受众提供即时的、动态的、片段式信息的同时，构建出一个接近现实环境的拟态环境，成为社会信息传播的主要渠道。

4. 个性化传播

新媒体的交互性特征导致了受众分化，个性化传播成为新媒体的重要标志。它将目标受众按年龄、性别、种族、社会地位、文化程度、兴趣爱好、专业程度、信息使用习惯、偏好等标准划分为一个个群体，有针对性地向用户提供满足其各个层次需求的个性化服务。随着大数据、云计算等计算机技术的深入发展，个性化传播的特征越发明显，进而引发了对新媒体“服务为王”的思考。

10.2 常用的新媒体矩阵及搭建

在如今的信息碎片化时代，我们通过新媒体获取比以往数量更庞大的内容、信息。企业想要通过单一的新媒体平台实现自身品牌传播非常困难。所以，我们若想更加合理地利用新媒体平台，使它的价值最大化，就需要建立一个良好的“新媒体矩阵”来实现1+1≥2的效果（图10-1）。

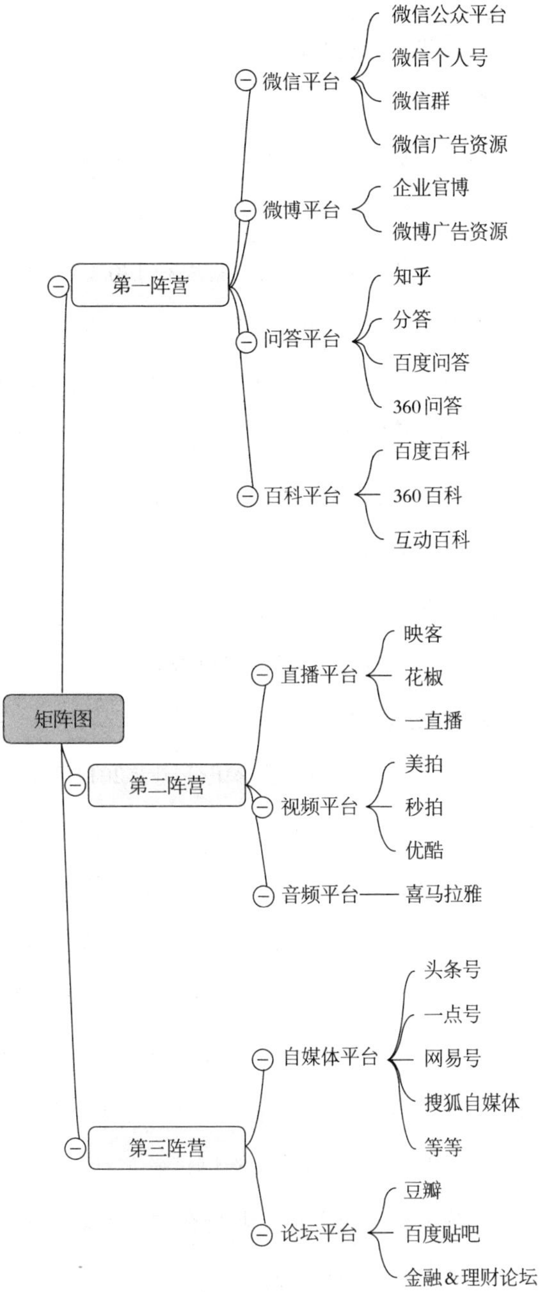

图10-1 常见新媒体矩阵图

10.2.1 新媒体的典型应用

新媒体矩阵通常指的是新媒体渠道矩阵，也就是多渠道新媒体运营。常见的新媒体平台渠道有以下几个。

1. 微博

微博，即微博客（MicroBlog）的简称。它是基于用户关系的自我表达、分享信息、传播思想、吸引关注，实现人际沟通、组织宣传乃至外交交流的互联网平台。用户将表达文字控制在140字以内，通过Web、Wap以及各种客户端登录使用，它既是即时通信工具，又是社交平台。世界上最早的微博是美国的Twitter。在中国，新浪微博是用户使用率最高的微博。

2010年被称为“中国微博元年”，是我国规模化推出微博服务的时代，新浪抢占先机，搜狐、腾讯、网易等数十家企业紧跟其后，推出自己的微博产品。微博凭借其低门槛、时效性强、社交圈广、开放性高、集成化全视角等优势吸引企业在平台上开展各种各样的营销活动，包括品牌传播、市场调研、产品推广、客户服务、突发事件应对。

2. 微信公众号

微信（WeChat），是腾讯公司于2011年1月推出的一款即时通信服务的免费应用程序，提供公众平台、朋友圈、消息推送、多人聊天、位置分享等服务。

微信公众号依托微信平台，集移动网络各大优点、特色于一身，具有零资费、跨平台沟通等优势，它的出现悄然改变着企业营销手段，既带给消费者新鲜的营销感受，又帮助企业、商家拉近了与消费者的距离。

如果说微博是广传播、浅社交、松关系，微博的传播是病毒式几何级传播，传播速度极快，适合打造企业品牌和推广，那么微信公众号则是窄传播、深社交、紧关系，同时它的信息是主动关注、主动获取，微信的传播更加精准。微信公众号可以让企业与客户进行高效沟通，加深顾客对品牌的忠诚度，继而再次带来消费与口碑。

3. 社群媒体

社群媒体（Social Media），即社群化媒体，是依托于社群的组成，生产内容和由社群产生内容的媒体组织，它的内容既面向社群，又来自社群，群成员的高黏性和高互动。社群媒体诸如豆瓣、知乎、简书、小红书等。

社群媒体通过内容吸引并筛选用户，筛选下来的用户形成高质量社群，社群通过一套规则体系，又源源不断地产出优质内容。在这里，不仅有内容的生产和传播，还有高效的互动。内容不再由一个中心产出，而是由所有社群成员贡献。不仅如此，社群媒体由于群成员的高黏性和高互动，其产生的内容往往是高精准的，因此内容、生产和传播的效果将大幅提高，而成本却大幅降低。

互联网的蓬勃发展、媒体的变革，社群媒体作为媒体的未来趋势，成为下一个风口。

4. 网络视频

网络视频，是指以计算机或者移动设备为终端，利用QQ、MSN等IM工具，进行可视化聊天的一项技术或应用。网络视频一般需要独立的播放器，文件格式主要是基于P2P技术占用客户端资源较少的FLV流媒体格式。网络视频的典型应用包括视频会议、视频电话、视频聊天、视频点播、远程部署等。现阶段，网络视频平台既有腾讯视频、爱奇艺、芒果TV这类视频点播平台，也有抖音、快手这类社交短视频平台。

截至 2021 年 12 月，我国网络视频（含短视频）用户规模达 9.75 亿，2021年在短视频应用新用户的带动下，网络视频总体用户规模进一步增长，网络视频市场呈现精品迭出、新业务与技术加速探索应用、环境日益清朗的态势。随着“云业务”、新技术的不断探索与应用，促进“云演出”“云影院”业务不断探索、3D化实景、虚拟偶像等技术不断应用。另外，作为一种文化形态，网络视频相对于文字、图片，具有更强的感染力，它不断与传统产业融合，成为企业营销的重要渠道和新宠。

5. 网络直播

网络直播，是2000年后兴起的一种直播方式，常见的有手机直播、电脑直播、摄像机直播三种方式。国内较火的网络直播平台，游戏方面有斗鱼和熊猫，弹幕网站主要是Bilibili，电商直播是抖音。

截至2021年12月，我国网络直播用户规模达7.03亿，占网民整体的68.2%。其中，电商直播用户规模为4.64亿；游戏直播的用户规模为3.02亿；体育直播的用户规模为 2.84 亿；真人秀直播的用户规模为 1.94 亿；演唱会直播的用户规模为 1.42 亿。电商直播和体育直播是2021年网络直播行业发展最为迅速的两类业态，这也刺激网络直播成为企业营销的新手段。

10.2.2 为什么要打造新媒体矩阵

1. 内容多元化

每个新媒体平台都有独特的内容风格，例如，公众号以图文为主，微博以140字内的短篇幅加照片为主，抖音以15秒到1分钟的视频为主。大多数用户在初期的关注，或许只是因为你的某篇文章对他有什么帮助、触动。通过矩阵，可以更好地提供用户想要的内容，使内容形式多元化，这样才能更好地引起用户的共鸣。

2. 分散风险

企业集中在某一平台运营，如果不幸出现“黑天鹅事件”，例如被封掉，则会前功尽弃。建立矩阵也是纳西姆·尼古拉斯·塔勒布在《反脆弱》一书中提到的遇到波动和不确定性的情况下一种较为稳妥的解决办法。

3. 协同放大宣传效果

建立矩阵后，不同平台的产品及调性可以形成互补。企业为了获得更多的流量、更大的曝光量，就需要更多的平台来宣传推广自媒体的平台、产品。而目前众多的新媒体平台的诞生，就为企业提供了很好的机会。

企业根据不同平台的要求，申请入驻，由易到难，逐步打造新媒体矩阵网络，从而获得更多的流量、更大的曝光量。

4. 企业全媒体整合营销的需要

全媒体营销，是指将产品规划、产品开发、网站建设、网站运营、品牌推广、产品分销等一系列电子商务内容融为一体的新型营销模式，是集传统网络、移动互联网、PC互联网为一体进行营销。

全媒体营销的优势在于：提升品牌形象、规范销售市场、促进整体销量、解决线下销售瓶颈、完善客服体系、梳理分销渠道。

虽然每个企业投入的资源、资金、人员等不相同，营销的力度也不相同，但是对于绝大部分比较注重品牌意识的企业来说，全媒体是他们必然要追求的目标。

10.2.3 新媒体矩阵类型

搭建新媒体矩阵，首先要明白矩阵是什么。

“矩阵”原本是一个数学概念，指一个按长方形阵列排列的复数和实数集合。

对于新媒体矩阵，目前行业内还没有统一的定义，目前大部分人倾向于将它定义为能够触达目标群体的多种新媒体渠道组合。

1. 横向矩阵

横向矩阵指企业在全媒体平台的布局，包括自有App、网站和各类新媒体平台如微信、微博、今日头条、搜狐网、企鹅号等，也可以称其为外矩阵。

2. 纵向矩阵

纵向矩阵主要指企业在某个媒体平台的生态布局，是其各个产品线的纵深布局，也可以称其为内矩阵。这些平台一般都是大平台，比如微信。在微信平台可以布局订阅号、服务号、社群、个人号及小程序。

10.2.4 如何打造新媒体矩阵

1. 差异化运营

不同的平台有不同的深耕方向，同一品牌在不同平台其内容表达方式也会有所不同。例如，微信，通过公众号，商家可在平台上实现和特定群体的文字、图片、语音、视频的全方位沟通、互动，形成了一种主流的线上线下微信互动营销方式；微博，传播面更广，更适合企业速度扩张，抢占受众眼球；网络视频，传播的内容更生动、形象，还能依托故事情节从情感上获取共鸣。

所以，不同的平台对要表达的内容、活动的流程以及对各个环节，都要有一个清晰的把控，在不同平台的内容表达一定要有所差别，从而建立一个良好的操作管理路线，建立一个合理有序的新媒体矩阵。

2. 从内容出发

通过一些社会化营销的手段，新媒体吸引一部分受众的目光带来流量，但想在茫茫人海中找到自己品牌的忠实用户，建立品牌社群，除了内容足够吸引别人，也需要更加精准的传播方式来推广和宣传自己的产品。

所以新媒体矩阵中的内容运营应该是轻产品、重传播的推广思路。先把面铺得够广，再配合多种场景展现用户诉求，引起共鸣，加强目标用户的串联记忆，提高品牌好感度。

3. 借助热点事件营销

如今的新媒体时代，人们会本能地排斥盛赞言辞，当初流行的哗众取宠如今已经不会博得尊重，夸夸其谈只会遭人反感。相反，当产品始终保持一个风格，把产品和营销融入一个故事、一个场景或者一个情节中，所带来的流量会越来越高。

也就是说，把最新的焦点话题根据品牌属性进行包装，借势提高企业的曝光量，这是目前一个非常实用，也非常高效的做法。而一个优秀的运营，总是可以将自己企业的品牌属性和热点事件的内容结合在一起，利用人们对热点事件的关注，形成借势营销。

但是要注意的一点是，热点之所以是热点，是因为它们本身都具有很强的时效性，企业新媒体的运营者需要及时地捕捉当下热点信息，切勿“炒冷饭”。

4. 提供服务

企业新媒体平台需要提供一些对用户有利的服务来提高关注度，同时也可以帮助企业跟用户建立起一个良好的互动链接。

不要小看它，这可是一个培养用户黏性和忠诚度的神器。它可以帮你汇聚大量粉丝和品牌认同者，依靠利益驱动或者利用用户的虚荣心理积分和提高等级，让用户产生一种归属感。

投资人说

新媒体矩阵越多对企业的有效管理要求越高，输出内容审核要求越严格。技术是不可以代替企业价值观的。中国的创业者所创建的企业，作为我国社会的经济元素，要践行社会主义核心价值观。创业企业最突出的社会责任问题：① 劳动用工：不签合同，少交社保，缺少对员工的教育培训；② 不注重环境保护；③ 生产运营方面：提供不合格的产品，夸大产品功能；④ 财务数据造假，“两本账”现象严重。

10.3 新媒体时代下的大学生创业

创业小故事：

“贵在互联”：大学生团队的创业之路

阿里巴巴旗下的饿了么可能都听说过，但你可能不知道饿了么的城市运营商是谁？“贵在互联”就是饿了么背后的运营商，这是一个由大学生创业团队建立起来的公司。

“贵在互联”CEO苏令相来自厦门大学，刚进入大学时，他就很有创业意识：大一做兼职，不管活多累都接；大二尝试去卖东西；大三开始看项目；

后来还开过酒店、台球馆、健身房、饮品店、广告公司等。在尝试过很多次之后，苏令相等人发现在当前的形势下从事“互联网+”行业更有发展前景。2015年他们创立了“贵在互联”，主要做即时物流的配送。那时候，刚好阿里巴巴在招城市服务商，“贵在互联”从50多家投标公司中脱颖而出。然而随着阿里巴巴的战略调整，“贵在互联”从成为阿里巴巴城市运营商，到成为饿了么运营商，再成为阿里巴巴旗下饿了么城市运营商，其间经历了诸多波折。公司曾在一年半左右的时间里入不敷出。后来，“贵在互联”在实现横向地域快速扩张的同时，又布局纵向独立产业链协同发展，产业包括在线外卖业务、即时配送、广告传媒、餐饮业及餐饮供应链。由于该公司的发展方向顺应时代的潮流，经营状况逐渐稳定，获得了市场的认可。目前，该公司业务涉及省内10余县市、年流水4.2亿元，直接带动就业3000人，直接服务商户1.5万家。

10.3.1 新媒体时代大学生创业政策优势

“你创业，我买单。”2022年2月，一条有关浙江省大学生创业扶持的政策上了微博热搜：“高校毕业生到浙江工作，可以享受2万元至40万元不等的生活补贴或购房租房补贴；大学生想创业，可贷款10万元到50万元；如果创业失败，贷款10万元以下的由政府代偿，贷款10万元以上的部分，由政府代偿80%……”

当前国内经济面临着发展快速转型的压力，高校毕业生的人数也在逐年增加，再加上新冠疫情的影响，就业形势十分严峻。2022年高校毕业生人数将首次突破千万，高达1076万，其中85%以上是“00后”。针对此现状，国家发改委等八部门联合印发《关于深入实施创业带动就业示范行动力促高校毕业生创业就业的通知》，重点强调要“引导更多创业企业吸纳高校毕业生共同创业，为高校毕业生提供更多施展才华的机会”。

1. 大学生创业税收优惠

持人社部门核发的《就业创业证》（注明“毕业年度内自主创业税收政

策”）的高校毕业生在毕业年度内（指毕业所在自然年，即1月1日至12月31日）创办个体工商户、个人独资企业的，3年内按每户每年8000元为限额依次扣减其当年实际应缴纳的营业税、城市维护建设税、教育费附加和个人所得税。

对高校毕业生创办的小型微利企业，按国家规定享受相关税收支持政策。

2. 创业担保贷款和贴息

对符合条件的大学生选择自主创业的，可在创业地按规定申请创业担保贷款，贷款额度为10万元。

鼓励金融机构参照贷款基础利率，结合风险分担情况，合理确定贷款利率水平，对个人发放的创业担保贷款，在贷款基础利率基础上上浮3个百分点以内的，由财政给予贴息。

3. 免收有关行政事业性收费

毕业2年以内的普通高校学生从事个体经营（除国家限制的行业外）的，自其在工商部门首次注册登记之日起3年内，免收管理类、登记类和证照类等有关行政事业性收费。

4. 享受培训补贴

对大学生创办的小微企业新招用毕业年度高校毕业生，签订1年以上劳动合同并缴纳社会保险费的，给予1年社会保险补贴。

对大学生在毕业学年（即从毕业前一年7月1日起的12个月）内参加创业培训的，根据其获得创业培训合格证书或就业、创业情况，按规定给予培训补贴。

5. 免费创业服务

有创业意愿的大学生，可免费获得公共就业和人才服务机构提供的创业指导服务，包括政策咨询、信息服务、项目开发、风险评估、开业指导、融资服务、跟踪扶持等“一条龙”创业服务。

6. 取消高校毕业生落户限制

高校毕业生可在创业地办理落户手续（直辖市按有关规定执行）。

7. 创新人才培养

创业大学生可享受各地各高校实施的系列“卓越计划”、科教结合协同育人行动计划等，同时享受跨学科专业开设的交叉课程、创新创业教育实验班等，以及探索建立的跨院系、跨学科、跨专业交叉培养创新创业人才的新机制。

8. 开设创新创业教育课程

自主创业大学生可享受各高校挖掘和充实的各类专业课程和创新创业教育资源，以及面向全体学生开发开设的研究方法、学科前沿、创业基础、就业创业指导等方面的必修课和选修课，享受各地区、各高校资源共享的慕课、视频公开课等在线开放课程，以及在线开放课程学习认证和学分认定制度。

9. 强化创新创业实践

自主创业的大学生可共享学校面向全体学生开放的大学科技园、创业园、创业孵化基地、教育部工程研究中心、各类实验室、教学仪器设备等科技创新资源和实验教学平台。

参加全国大学生创新创业大赛、全国高职院校技能大赛，各类科技创新、创意设计、创业计划等专题竞赛，以及高校学生成立的创新创业协会、创业俱乐部等社团，提升创新创业实践能力。

10. 改革教学制度

自主创业大学生可享受各高校建立的自主创业大学生创新创业学分累计与转换制度，学生开展创新实验、发表论文、获得专利和自主创业等情况折算为学分，将学生参与课题研究、项目实验等活动认定为课堂学习的新探索。

同时也享受为有意愿、有潜质的学生制订的创新创业能力培养计划，创新创业档案和成绩单等系列客观记录并量化评价学生开展创新创业活动情况的教学实践活动。优先支持参与创业的学生转入相关专业学习。

11. 完善学籍管理规定

有自主创业意愿的大学生，可享受高校实施的弹性学制，放宽学生修业年限，允许调整学业进程、保留学籍休学创新创业等管理规定。

12. 大学生创业指导服务

自主创业大学生可享受各地各高校对自主创业学生实行的持续帮扶、全程指导、一站式服务，以及地方、高校两级信息服务平台，为学生实时提供的国家政策、市场动向等信息，和创业项目对接、知识产权交易等服务。

可享受各地在充分发挥各类创业孵化基地作用的基础上，因地制宜建设的大学生创业孵化基地和相关培训、指导服务等扶持政策。

10.3.2 大学生利用新媒体创业优势

新媒体的发展为大学生创业提供了新的机遇，与其他传统实体经济相比，新媒体实现了资源共享，大大降低了时空对信息传播的限制，大学生获取最新的市场、政策信息更为容易，也更能从中发现创业商机。与此同时，伴随着新媒体成长的大学生，本身对媒介环境及周边市场更为了解，具备相应的媒介素养，因此创业成为新媒体时代大学生解决就业问题的首选。

1. 成本低，易操作

以“互联网+”为背景的创业平台具有投入成本低、容易操作的特点，对大学生来说上手快、好运营，是大学生创业者的最佳选择。与实体经济形势不同，互联网创业无须实体店面投资，可以为大学生节省很大一部分资金，不会受时间与地点的限制，对办公场所没有过多要求，大学生可以根据自身情况决定办公地点。在只需网络与智能手机的条件下便可进行网上交易，对大学生创业者来说创业压力相对较小。此种创业模式最大的优势在于无须投入大量资金用于囤积商品，解决了传统创业模式下流动资金的负担。

2. 销售渠道广泛，方式多样

新媒体自身的特点与属性决定其具备多样化的营销功能，电子邮件、网络广告、通信工具等，为大学生创业者提供了营销平台，广告不再是大学生创业者扩大产品宣传渠道的唯一方式，可以利用网页通信界面等方式对消费者进行潜在影响。在扩大营销范围的同时，可以有效降低成本投入，当前很多在互联网平台进行创业的大学生都会通过网站对产品进行推广与宣传。视频、动画、文字、图片等不同的营销方式，使得营销范围逐渐扩大，多样化的营销方式有效降低了创业者的资金投入，并且能够实现超出预期的营销目标。

3. 交易方式简洁方便

常规的实体经营方式几乎是以实体货币的方式进行交易，互联网时代背景下，电子货币的交易方式逐渐取代实体货币的交易方式。网络平台成为互联网创业者与消费者实现交易的载体，当前网络交易形式多样，人们有了更多的选择机会，如网上银行、微信支付、支付宝等，通过这样的方式能够有效降低实体经济模式下货币交易的复杂程序。电子货币的交易形式更加简洁方便，大学生可以借助自己选择的网络交易平台开设创业店铺，消费者在网上可以浏览店铺中的商品，从中挑选需要的商品，再利用微信或支付宝支付货币。整个商品交易过程操作简单，只需较短的时间便可实现商品交易，在方便消费者购物的同时，对相关行业也起到了一定的推动作用，物流运输业就是一个很好的例子，相关产业也带动了一大部分人就业。

4. 技术优势

新环境背景下，互联网经济是当前最为重要的经济形式之一，互联网平台成为绝大多数贸易交易的载体，这对交易双方都有一定的技术要求，熟练操控网络平台是创业者在互联网经济背景下进行创业的必要条件。大学生群体是中国发展的主要动力。大学生群体紧跟时代发展趋势，熟悉信息技术的最新发展动态，其在观念上较为先进，能够跟上时代发展的步伐，了解当前时代发展趋势，从而更好地把握消费者的需求。此外，大学生群体可以借助网络浏览器、搜索引擎等，获取最新的行业发展信息，从中把握发展机遇，了解行业需求，从而对创业内容进行及时调整。大学生自身先进的思想与较高的信息技术水平，都使其成为新时代行业的创业先驱。大学生可以充分发挥自身的优势，把握互联网经济时代的特点，敢于抓住机遇为自己寻求更大的发展空间，创造更多的经济利益。

10.3.3　新媒体时代下大学生创业模式

新媒体技术带来的庞大网络用户数量和网络市场规模让网络创业成为当代大学生热衷的创业项目，一般有三种合适的创业模式。

1. 电商创业模式

电商模式就是在网络环境中基于一定技术的商务运作方式和盈利模式。我国现在的电商平台多种多样，从淘宝到京东、亚马逊、拼多多多家平台集聚。

电子商务模式随着其应用领域的不断扩大和信息服务方式的不断创新，电子商务的类型也层出不穷，现有以下几种类型：

（1）B2C（Business to Consumer），企业与消费者之间的电子商务。这是消费者利用因特网直接参与经济活动的形式，类似于商业电子化的零售商务。B2C就是企业通过网络销售产品或服务给个人消费者。企业厂商直接将产品或服务推上网络，并提供充足的资讯与便利的接口吸引消费者选购，这也是目前最常见的一种方式，例如，网络购物、证券公司网络下单作业、一般网站的资料查询作业等，如现在的虚拟社群、交易聚合、广告网络、线上与线下相结合的模式。

（2）B2B（Business to Business），企业与企业之间的电子商务。B2B方式是电子商务应用最多和最受企业重视的形式，企业可以使用Internet或其他网络为每笔交易寻找最佳合作伙伴，完成从订购到结算的全部交易。其代表就是马云的阿里巴巴电子商务模式。B2B电子商务将会为企业带来更低的价格、更高的生产率和更低的劳动成本以及更多的商业机会。

B2B主要是针对企业内部以及企业（B）与上下游协力厂商（B）之间的资讯整合，并在互联网上进行的企业与企业之间交易。借由企业内部网（Intranet）建构资讯流通的基础，及外部网络（Extranet）结合产业的上中下游厂商，达到供应链（SCM）的整合。因此通过B2B的商业模式，不仅可以降低企业内部资讯流通的成本，还可使企业与企业之间的交易更快速、耗损更少。

（3）C2C（Consumer to Consumer），消费者与消费者之间的电子商务。C2C商务平台就是通过为买卖双方提供一个在线交易平台，使卖方可以主动提供商品上网拍卖，而买方可以自行选择商品进行竞价。其代表是eBay、淘宝电子商务模式。

消费者可同在某一竞标网站或拍卖网站中，共同在线上出价而由价高者得。或由消费者自行在网络新闻论坛或BBS上张贴布告出售二手货品，甚至是新品，诸如此类因消费者之间的互动而完成的交易，就是C2C的交易。

（4）O2O（Online to Offline），线下商务与互联网之间的电子商务。这样线下服务就可以用线上来揽客，消费者可以用线上来筛选服务，还有成交可以在线结算，很快达到规模。该模式最大的特点是：推广效果可查，每笔交易可跟踪。

通常情况为消费者根据自身需求定制产品和价格，或主动参与产品设计、生产和定价，产品、价格等彰显消费者的个性化需求，生产企业进行定制化生产。

（5）BOB（Business-Operator-Business），意指供应方（Business）与采购方（Business）之间通过运营者（Operator）达成产品或服务交易的一种新型电子商务模式。

BOB模式的核心目的是帮助那些有品牌意识的中小企业或者渠道商打造自己的品牌，实现转型和升级。BOB模式是由品众网络科技推行的一种全新的电商模式，它打破过往电子商务固有模式，提倡将电子商务平台向电子商务运营转型，不同于以往的C2C、B2B、B2C、BAB等商业模式，其将电子商务以及实业运作中品牌运营、店铺运营、移动运营、数据运营、渠道运营五大运营功能板块升级和落地。

电商模式因选择线上交易，不受时间和地点的限制，受到大学生创业群体的欢迎。大学生创业者依据对市场容量和行情的调研分析，选定货品类目和货源，随后进行采购、入库、网店上架等操作，并依托平台大小促销活动和店铺促销吸引消费者选购。

2. 内容创业模式

2016年是公认的“内容创业元年”。目前内容创业模式也极为热门，包括但不限于电影与视频、音乐、数字娱乐、文学、游戏、体育、动漫、新闻传播、教育、广播等领域。因其无须创业者持有实际产品和服务的特性备受大学生青睐。内容创业简单来说就是一方提供内容，获得用户的喜欢、关注和点赞，依托每个作品的流量进行变现。

内容创业变现的有直接盈利模式和间接盈利模式两种：

（1）直接盈利模式。直接通过内容盈利的创业项目，往往以热门的版权内容或IP为基础。IP（intellectual property）即知识产权，以及拥有知识产权的内容、形象或故事，包括文学、漫画、动画、电影、游戏等。根据付费的对象，直接通过内容盈利的模式中形成了内容付费（将内容售卖给受众）与广告（将内容售卖给广告商）两种不同的方式。

内容付费。内容付费的第一种形式，表现为用户付费等增值服务，即线上的某些内容需要用户付费之后才能使用。目前，国内一些视频网站开始采用通过特殊版权与强力IP促使付费用户增长的战略。腾讯、爱奇艺等视频网站的热门IP，比如《暗黑者2》《盗墓笔记》等，均采用仅付费会员观看的模式，以此实现内容变现。然而，正如Swatman，Krueger & van der Beek所指出的那样，互联网用户已经习惯于免费接收信息，在中国亦是如此，互联网用户的内容付费习惯仍然需要较长时间的培养。内容付费的另一种形式，是在IP取得较大影响后，通过内容的衍生品（如游戏、电影等）获利。特别是近些年，网络热门视频通过开发大电影的方式放大IP价值，依靠线上积累的粉丝，将内容变现渠道从单一的线上市场拓展到线下的电影市场，进一步拓宽变现渠道。2015年7月，搜狐视频网络自制剧《屌丝男士》原班制作团队拍摄的大电影《煎饼侠》上映。依靠《屌丝男士》线上超过36亿次点击量积累的粉丝，《煎饼侠》这部前期投入不足2000万元的低成本电影，最终赢得了11亿元的高额票房。

广告。作为在线内容行业的盈利模式之一，广告的重要性和贡献度正在逐渐降低，但广告在特定的细分内容市场，特别是在线视频行业中依然具备一定的生命力。

除了依靠独特热门版权内容与强力IP吸引大众消费品进行广告投放，在自媒体创业项目中，广告作为一种传统的盈利模式也出现了新的形式。一些地区性民生类微信号（如“最爱大北京”）采用“超本地化模式”，发布针对社区受众的细分内容，给本地广告商提供相对低成本的广告空间，以此进行盈利。此外，“利基内容模式”也为一些内容创业者所使用，他们瞄准特定的利基内容和比较小众的市场，通过聚焦于细分读者群，吸引相关领域的商家投放广告。

（2）间接盈利模式。目前，间接盈利模式主要包括媒体电商和社群经济两种形式。与直接盈利模式不同，一些基于自媒体平台的内容创业，往往以内容为跳板吸引足够多的用户，再实现盈利。

在内容的设计上，作为一种“小而美”的商业尝试，自媒体平台上的内容生产大多聚焦于某个细分的话题，通过生产某个垂直领域的话题来吸引特定用户。

媒体电商：以媒体电商为特征的盈利模式，往往首先借助社会化媒体进行价值观和生活方式的传播，在深度影响受众之后形成电商交易的需求，并予以满足。采用这种模式的自媒体创业项目，往往以时尚（如“黎贝卡的异想世界”）、美妆（如“化妆师MK-雷韵祺”）、生活、文艺（如“一条”）等为主题。

基于社会化媒体平台的内容发布者处于电商的导流层，通过产品推荐，将客流引入淘宝、京东等电商平台层。完成这个转变的基础，是受众对自媒体公众号内容的足够信任，以及对公众号运营者个人魅力和所传达的生活方式的认同。这种信任，一方面取决于公众号运营者对内容质量的严格把关；另一方面，公众号运营过程中用户对公众号内容的频繁阅读、评论、转发，以及公众号运营者与受众之间的密切互动，在一定程度上有助于两者形成比较正向的情感认同关系。

社群经济：间接通过内容盈利的另一种方式，更多带有社群经济的特征。

社群经济的运营模式，集中体现在“罗辑思维”“吴晓波频道”等基于社会化媒体平台运营的优质内容创业项目中，其运作过程主要包含三个阶段：第一，借助优质内容产品吸引用户；第二，以这部分用户为基础，形成基于共同理念和价值观的社群，社群凝聚的方式包括发展会员、线下活动等；第三，通过社群电商实现内容变现。

在内容创业中，创业者吸引用户凭借的是作品内容中所体现的个人能力和才华，创业者通过持续发布用户喜欢或关注的内容作品积累账户人气和粉丝，以此吸引广告商的合作，之后创业者可以在作品中穿插广告，借助产品或服务实现盈利。内容创业符合大学生求新求变的心理，能够为大学生创业者带来新的精神体验和资金收入。

3. “内容+电商”创业模式

这是前两种创业模式的融合，是自身热度与售卖商品的有机结合。它的创业主体可以是个人也可以是商家，其通过内容创作带来的热度预热销售氛围，再在作品中投放商品购买链接或组织直播带货，从而促进商品的销售。

一台电脑或手机、一个摄像头、一支话筒……短视频平台的蓬勃发展使“直播带货”持续火热，直播带货一直具有很强的即时性和互动性。在直播过程中，带货主播可以根据消费者的喜好和建议，实时做出相应调整，使得营销的效益最大化。二是能够直观地看出广告效果。可以通过粉丝增长量和用户覆盖面等多种数据明确营销效果，做到边看边买、配合促销的活动对消费者进行引导，从而直接将关注量转化为销售。三是拥有强大的话题创造能力。通过直播，观众可以直接和带货网红进行话题互动，而网红借助与观众的接触沟通，也可以让企业品牌的理念更好贴合观众的想法。四是与消费者实现情感共鸣，借此进行情感营销。播主的粉丝观众都是一批想法、兴趣爱好相近的人，大家沟通互动，情绪相互感染，实现情感共鸣。如此，受众会对网红拥有更高的忠诚度，带货网红对受众的影响力更大，带货效果倍增。

因此，“内容+电商”模式不仅为消费者提供了新鲜的消费体验，更为许多大学生创业提供了新的渠道。

10.3.4 新媒体环境下大学生创业的能力构建

1. 用户洞察能力是前提（用户思维）

只有用户有内容需求，才会有内容创业，所以用户洞察能力是新媒体内容创业能力的前提，没有好的用户洞察能力，内容创业就不会达到预期的效果。用户洞察能力是对用户价值、喜好和倾向的深刻理解能力，用户洞察能力大概包含价值洞察能力、喜好洞察能力、倾向洞察能力三个方面。总之，就是要充分挖掘用户对内容的价值需求、喜好需求、倾向需求，写对用户有价值的内容、用户喜好的内容、用户倾向的内容。

2. 内容能力是核心（内容为王）

内容创业是以优质内容制作为核心的创业方式，是内容产品商业化运作的活动的总称。内容创业成败的关键在于能不能持续生产出优质内容，内容创业的成败在内容本身，优质内容生产是内容创业的核心竞争力。因此，就内容创业能力体系来说，内容能力是最核心的能力，不具备内容能力，内容创业就很难持续下去。具体到新媒体平台内容创业的常见形态来说，其中图文类内容创业重点在“写”的能力，视频类内容创业重点在“拍”的能力，直播类内容创业重点在“播”的能力，音频类内容创业重点在“说”的能力。

3. 创业能力是基础

创业活动作为一种复杂的劳动，其成功的基本条件是实施者具备创业能力。新媒体平台内容创业在本质上是一种创业，因此，要想创业成功，必须具备比较好的创业能力，这是新媒体平台内容创业的基础能力。每个内容创业项目都有特定的创业理念、产品定位、商业模式等，但是蕴含在其中的创业能力是相通的。首先应该具备比较好的专业能力，主要包括专业知识、技能，这是创业能力形成的前提和基础。其次应该具有一定的方法能力，方法能力主要是指分析决策、经营管理等能力，是创业能力的必备能力。最后要具备社会能力，社会能力是创业能力的核心能力，是指创业过程中所需要的行为能力，包括人际交往、与人合作等能力。基础不牢，地动山摇，创业能力是内容创业的基础能力，最终决定内容创业能走多远。

4. 新媒体运营能力是关键

新媒体平台内容创业主要是在新媒体平台开展，新媒体平台可以为内容创业赋能，提供渠道支撑，扩大内容的影响力，同时提供丰富的变现方式和手段。每一个新媒体平台的内容定位、内容玩法、推荐规则、扶持内容等都存在差异性，不同的平台对内容的需求是不一样的，同样的内容在不同的平台表现有着巨大的差异性。没有较高的平台运营能力，对于新媒体内容创业来说，其效果就会大打折扣，因此，平台运营能力是新媒体内容创业能力构成中的关键能力。平台运营能力主要包括平台规则把握能力、平台用户运营能力、平台内容运营能力、平台活动运营能力等。

5. 产业对接能力是归宿

新媒体平台内容创业最大的困难就是内容生产难以长久，内容创意容易枯竭等问题。最好的办法是让内容主动和行业、产业对接，让内容+行业、产业成为可能。比如，内容+农业，内容+旅游等。内容+行业、产业就是要把内容和行业、产业深度融合，从行业、产业的角度去挖掘内容、打磨内容、创意内容。内容+行业、产业一方面可以解决内容生产持续能力差的问题，让内容创业有源源不断可供挖掘的素材；另一方面也可以促进行业、产业发展，让内容创业插上腾飞的翅膀，实现行业、产业和内容创业的双赢。产业对接能力主要是挖掘行业、产业中可以进行内容创业的素材、信息、资讯等。内容创业并不难，真正难的是通过内容创业来促进行业、产业的发展，内容创业必须和行业、产业融合，才能永远持续下去，产业对接能力是新媒体内容创业的最终归宿和出路。

课堂讨论

1. 如果你要去做新媒体运营，应该具备哪些技能？（参考各大招聘网站信息）
2. 新媒体运营岗位的岗位职责和能力需求你知道多少？（参考各大招聘网站信息）

第11章

创业的那些事儿

本章内容导学

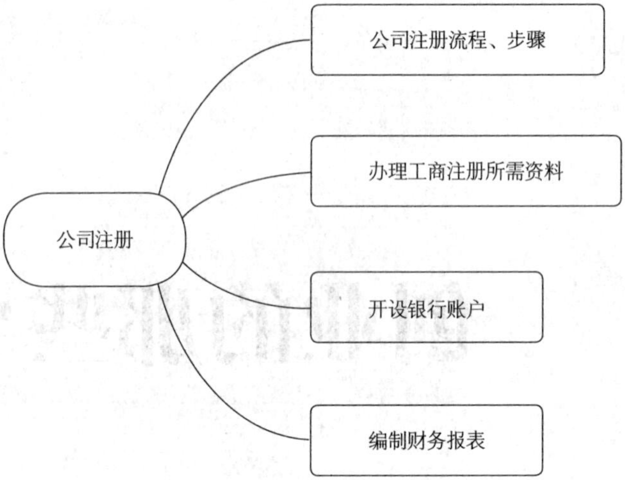

11.1 公司注册

11.1.1 公司注册流程

1. 核名

企业名称查询

申办人提供法人和股东的身份证复印件（或身份证上姓名即可）。

申办人提供公司名称2～10个，写明经营范围，出资比例（字数应在60以内）。

例如：重庆（地区名）某某（企业名）贸易（行业名）有限公司（类型）。备注：行业名要规范。

由各行政区工商局统一提交到北京市工商行政管理局查名。

（注册公司第一步，即查名，通过市工商行管理局进行公司名称注册申请，由工商行政管理局3名工商查名科注册官进行综合审定，给予注册核准，并发放盖有市工商行政管理局名称登记专用章的“企业名称预先核准通知书”）

2. 提供证件

新注册公司申办人提供法人和全体股东的身份证复印件各一份。

相关行政机关如有新规定，由相关部门和申办人按照国家规定配合完成。

3. 审批

经营范围中有需特种许可经营项目，报送审批。

如有特殊经营许可项目还需相关部门审核盖章，特种行业许可证办理，根据行业情况及相应部门规定，分为前置审批和后置审批（特种许可项目，如卫防、消防、治安、环保、科委等）。

4. 刻章

企业办理工商注册登记过程中，需要使用图章，需由公安部门刻出的图章为公章、财务章、法人章、全体股东章、公司名称章等。

5. 申领营业执照

工商局经过企业提交材料进行审查，确定符合企业登记申请，经工商行政管理局核定，即发放工商营业执照，并公告企业成立。

6. 代码证

公司必须申办组织机构代码证，企业提出申请，通过审查，由中华人民共和国国家市场监督管理总局签章。

7. 税务登记证

办理税务应提供的材料：

经营场所租房协议复印件，所租房屋的房产证复印件，固定电话，通信地址。

11.1.2 办理工商注册所需资料

1. 人员准备（最少3人）

法人1名、监事1名、经理1名，3人的身份证复印件（正反面需在一页纸上）。

2. 人员基本资料

（1）法人：身份证照片（图片形式，正反面在一个文档内）、移动电话、固定电话、邮箱、职务、产生方式。

（2）监事：身份证照片（图片形式，正反面在一个文档内）、电话、邮箱、职务、产生方式。

（3）经理：身份证照片（图片形式，正反面在一个文档内）、电话、职务、产生方式。

（4）股东：身份证复印件、电话、职务。

（5）财务人员：姓名、电话、邮箱、身份证号码、核算方式、从业人数。

注：监事可以是股东，不能是法人。产生方式包括委派、选举、聘任。

3. 核名准备

公司名称准备5个，按编号顺序进行核名。

注：同行业同音同字不符合、不同行业的同音同字符合。

4. 其他所需信息

（1）公司经营范围包括哪些？

（2）注册资本是多少？

（3）公司性质：股份有限公司、有限责任公司？

（4）股份分配情况，包括认缴出资额、出资（认缴）时间、出资方式、出资比例（单位为万元）。

（5）法定代表人、董事、监事和经理的任职文件。

（6）公司党员人数多少人？法人是否党员？

（7）股份制公司需填写设立方式：发起设立、募集设立？

（8）公司章程。

（9）租赁合同、房产证复印件，公司经营地址的房产证复印件。

5. 文件、表格需要签字

（1）公司登记备案申请书：有限责任公司需股东签字、股份有限公司需董事会成员签字。

（2）承诺书签字：需法人签字。

11.2　设立银行账户

11.2.1　各种银行账户的开设

现行《银行账户管理办法》规定："存款人可以自主地选择银行，银行也可以自愿选择存款人开立账户。"在选择具体开户行时，企业应考虑以下因素：

（1）银行服务设施及项目是否先进、齐全；

（2）企业与银行的距离如何，交通是否便利；

（3）银行信贷资金是否雄厚，能否在企业困难时期提供一定的贷款支持；

（4）银行能否直接办理异地快速结算。

11.2.2　基本存款账户开设条件及流程

1. 开户条件

（1）企业和个体工商户要有当地工商行政管理部门核发的"企业法人执照"或"营业执照"正本；

（2）机关、事业单位要有中央或地方编制委员会、人事、民政等部门的批文；

（3）以上述证件为凭证，经公安部门批准，刻制与营业执照或文件中名称完全相同的公章与财务章；

（4）企业法人名章、财务主管人名章以及负责办理银行业务的财务人员名章。

2. 流程

（1）除个体工商户外，所有企业、单位都要向当地计量部门办理代码证，有的地方还要向当地税务部门领取税务证；

（2）持上述证件向银行（或信用社）申请开户，填写开户申请书（或申请表）；

（3）持开户行签注的“同意在我行（社）开户”的申请书（或申请表）与印章、营业执照正本或文件、代码证、税务证等，到当地人民银行领取“开户许可证”；

（4）将领取的“开户许可证”副本送交开户银行，银行据此立户，并按银行要求在备查印鉴卡上预留印鉴；

（5）向开户银行购买一定数量的转账支票与现金支票；

（6）按银行要求，在开立的账户内转入或存入一定数量的资金以备使用。

至此，企业便可合法使用新开立的银行账户了，存款人可以通过本账户办理转账结算和现金缴存，但不能办理现金支取。

3. 一般存款账户设置条件和所需证明文件

在基本存款账户以外的银行取得借款的单位和个人可以申请开立该账户，并须向开户银行出具借款合同或借款借据。与基本存款账户的存款人不在同一地点的附属非独立核算单位可以申请开立该账户，并须向开户银行出具基本存款账户的存款人同意其附属非独立核算单位开户的证明，存款人申请开立一般存款账户的，应填制开户申请书，提供相应的证明文件，送交盖有存款人印章的印鉴卡片，经银行审核同意后，即可开立该账户。

临时存款账户是指存款人因临时经营活动的需要而开立的账户。存款人可以通过该账户办理转账结算，以及按照国家现金管理规定办理现金收付。

（1）临时存款账户设置条件和所需证明文件：外地临时机构可以申请开立该账户，并须出具当地工商行政管理机关核发的临时执照；有临时经营活动需要的单位和个人可以申请开立该账户，并须出具当地有关部门同意设立外来临时机构的批件。

（2）临时存款账户开立程序：存款人申请开立临时存款账户，应填制开户申请书，提供相应的证明文件，送交盖有存款人印章的印鉴卡片，经银行审核同意后，即可开设此账户。

4. 专用存款账户指存款人因特定用途需要开立的账户

（1）专用存款账户设置条件：根据《银行账户管理办法》的规定，存款人对特定用途的资金，由存款人向开户银行出具相应的证明即可开立该账户。特定用途的资金范围包括基本建设资金、更新改造资金和其他特定用途、需要专户管理的资金。

（2）所需提供的证明文件：经有关部门批准立项的文件、国家有关文件的规定。

（3）专用存款账户开立程序：存款人申请开立专用存款账户，应填制开户申请书，提供相应的证明文件，送交盖有存款人印章的印鉴卡片，经银行审核同意后开立账户。

11.3　财务报表模板

11.3.1　预计销售台数表

预计销售台数表

年份	2022年	2023年	2024年	2025年	2026年
新购台数					
维保台数					

11.3.2　预计收入情况表

预计收入情况表

项目	2022年		2023年		2024年		2025年		2026年	
	销售量（件）	收入（万元）	销售量（件）	收入（万元）	销售量（件）	收入（万元）	销售量（件）	收入（万元）	销售量（件）	收入（万元）
销售产品										
提供服务										
总收入（万元）										

11.3.3 销售成本及期间费用表

销售成本及期间费用表					
项目	2022年	2023年	2024年	2025年	2026年
税金及附加					
销售费用					
管理费用					
研发费					
财务费用					
总计					

11.3.4 销售成本及期间费用表

销售成本及期间费用表					
项目	2022年	2023年	2024年	2025年	2026年
一、营业收入总计					
二、营业成本总计					
1. 税金及附加					
其中：印花税					
附加税（城维税、教育费及地方教育费附加）					
2. 销售费用					
其中：人工					
差旅费、招待费、宣传费等					
3. 管理费用					
其中：人工					
水电气物管房租办公等费用					
4. 研发费					
5. 财务费用					

续表

销售成本及期间费用表					
项目	2022年	2023年	2024年	2025年	2026年
三、营业利润					
减：所得税费用					
加：加计扣除所得税退税					
四、净利润					

11.3.5　资产负债表

资产负债表					
资产	2022年末	2023年末	2024年末	2025年末	2026年末
流动资产：					
货币资金					
应收账款					
应收利息					
流动资产合计					
资产合计					
所有者权益（或股东权益）：					
实收资本（或股本）					
盈余公积					
未分配利润					
所有者权益（或股东权益）合计					
负债和所有者权益（或股东权益）总计					

11.3.6 现金管理表

现金管理表					
项目	2022年末	2023年末	2024年末	2025年末	2026年末
本年已收账款					
下年应收账款					
现金支出					
利息收入					
应交所得税					
应退所得税					
现金余额					

11.3.7 年度预计利润表

年度预计利润表					单位：元
项目	1季度	2季度	3季度	4季度	全年
销售收入					
变动成本：					
销售成本					
销售费用					
小计					
边际贡献					
固定成本：					
制造费用					
销售及管理费用					
营业利润					
小计					
减：利息					
税前利润					
减：所得税					

创业者说

创业者在创建企业时都或多或少地了解公司法、合同法、劳动法、知识产权法，很少涉猎刑法。在类似食品安全、药品安全、生产安全等领域发生的企业违法事件中有的问题已经触及刑法。为了避免触碰“法律红线”，创业者不妨主动学习《中华人民共和国刑法》，或找一位前辈进行指导，或聘请专业的律师获得付费服务，切勿存侥幸心理。

参考文献

1. 杰弗里·温斯洛普·扬. 基特勒论媒介［M］. 北京：中国传媒大学出版社，2019.

2. 彭兰. 新媒体用户研究：节点化、媒介化、赛博格化的人［M］. 北京：中国人民大学出版社，2020

3. 谭天. 新媒体新论［M］. 2版. 广州：暨南大学出版社，2016.

4. 翟双庆，王艳茹. 中医药大学生创业指导［M］. 成都：西南财经大学出版社，2019.

5. 罗国锋，高双喜. 穿越迷途——创业维艰的81个解决之道［M］. 北京：经济管理出版社，2018.

6. 刘刚，梁晗，程熊镕等译. 管理学［M］. 15版. 北京：中国人民大学出版社，2023.

7. 陈承欢，杨利军，王磊. 创新创业指导与训练［M］. 2版. 北京：电子工业出版社，2022.

8. 祝海波. 创新创业基础（上）［M］. 重庆：重庆大学出版社，2023.

9. 陈虹宇，曹颖. "互联网+"大学生创新创业入门［M］. 北京：中国水利水电出版社，2018.